Civisme fiscal

QU'EST-CE QUI MOTIVE LES PARTICULIERS ET LES ENTREPRISES À PAYER DES IMPÔTS ?

OCDE

dev
CENTRE DE DÉVELOPPEMENT

Merci de citer cet ouvrage comme suit :
OCDE (2023), *Civisme fiscal : Qu'est-ce qui motive les particuliers et les entreprises à payer des impôts ?*, Éditions OCDE, Paris, https://doi.org/10.1787/4ce7612d-fr.

ISBN 978-92-64-71464-9 (imprimé)
ISBN 978-92-64-50737-1 (pdf)
ISBN 978-92-64-62737-6 (HTML)
ISBN 978-92-64-45210-7 (epub)

Avant-propos

Mieux comprendre les motivations qui amènent les contribuables à participer au fonctionnement du système d'imposition, et à respecter les obligations qui en découlent, relève de l'intérêt de tous les pays et de toutes les parties prenantes. Les administrations fiscales peuvent tirer parti d'une amélioration de la discipline fiscale et d'une augmentation des recettes, les contribuables (tant les entreprises que les particuliers) bénéficient d'un meilleur service de la part d'administrations fiscales qui comprennent leurs besoins et s'y adaptent, tandis que l'enrichissement des données disponibles et des échanges de vues peut aider les chercheurs à approfondir encore leur compréhension. En outre, cette compréhension peut aider des organisations telles que des groupes représentatifs de la société civile à améliorer leur communication sur la fiscalité, et les partenaires au développement à maximiser l'impact de l'aide au développement.

Ce rapport est axé sur les pays en développement, pour lesquels les Objectifs de développement durable (ODD) et le Programme d'action d'Addis-Abeba sur le financement du développement ont souligné l'importance des recettes fiscales dans le financement du développement. Les recettes fiscales constituent en effet la principale source de financement du développement, fournissant aux États les fonds dont ils ont besoin pour investir, faire reculer la pauvreté, fournir des services publics et créer les infrastructures matérielles et sociales indispensables au développement à long terme. L'augmentation de ces recettes constitue donc un objectif primordial pour les pays en développement, à l'heure où ils cherchent à réunir les fonds supplémentaires dont ils ont besoin pour réaliser les ODD.

Or, bon nombre de ces pays se heurtent à diverses difficultés lorsqu'ils cherchent à accroître ces recettes au niveau national. Parmi ces obstacles peuvent figurer l'étroitesse de l'assiette fiscale, l'ampleur du secteur informel, un déficit de gouvernance et des capacités administratives insuffisantes, la faiblesse du revenu par habitant, de bas niveaux d'épargne et d'investissement intérieurs, ainsi que l'évasion et la fraude fiscales auxquelles se livrent les entreprises et les élites. Il s'ensuit que deux tiers des pays les moins avancés éprouvent encore des difficultés à collecter des recettes fiscales représentant plus de 15 % de leur PIB, seuil communément considéré comme le minimum nécessaire au fonctionnement efficace de l'État. À titre de comparaison, les recettes fiscales recouvrées par les pays membres de l'OCDE représentent en moyenne près de 35 % de leur PIB.

Des avancées non négligeables ont été accomplies ces dernières années, en particulier en matière de fiscalité internationale. Les pays en développement comme les partenaires au développement ont déployé davantage d'efforts pour favoriser la mobilisation des ressources intérieures. Ainsi, les signataires de l'Initiative fiscale d'Addis-Abeba se sont en particulier engagés à favoriser les ressources intérieures grâce à un degré plus élevé de transparence, d'équité, d'efficacité et d'efficience de leur système fiscal, tandis que les donneurs se sont engagés à doubler le montant de l'aide consacrée au renforcement des capacités en matière de mobilisation des ressources intérieures. Par ailleurs, de nouveaux outils, normes et approches adoptés au niveau international offrent des possibilités supplémentaires à tous les pays. Les actions BEPS mises en œuvre dans le cadre du projet (15 mesures visant à lutter contre l'évasion fiscale, à améliorer la cohérence de la réglementation fiscale internationale, et à veiller à ce que le contexte fiscal soit plus transparent[1]), offrent aux pays davantage de moyens pour imposer les entreprises multinationales, et les progrès réalisés en matière d'échange de renseignements ont eux aussi divers effets bénéfiques, notamment en termes d'imposition des particuliers fortunés.

Il reste cependant un long chemin à parcourir avant qu'une culture durable du civisme fiscal ne s'impose. Dans les pays en développement, la majorité de la population paie des impôts indirects, voire des impôts informels, mais dans la plupart d'entre eux, les contribuables qui sont officiellement enregistrés, déclarent leur revenu et acquittent des impôts sont très peu nombreux. En outre, la multiplication des avantages fiscaux destinés aux entreprises, conjuguée aux possibilités de planification fiscale agressive, a rendu plus difficile encore le recouvrement des impôts auprès des entreprises.

S'intéresser davantage au civisme fiscal est un moyen de renforcer la discipline fiscale **spontanée.** Les travaux de recherche montrent que, tant dans les pays développés que dans le monde en développement, il existe une corrélation significative entre le civisme fiscal, défini généralement comme la motivation intrinsèque du paiement de l'impôt[2], et la discipline fiscale (Cummings et al., 2009[1] ; Ali, Fjeldstad et Sjursen, 2014[2]). Il est donc important de mieux appréhender les facteurs qui expliquent les différences de civisme fiscal entre pays pour pouvoir expliquer les variations observées en matière de discipline fiscale. Cette démarche est en outre un moyen d'analyser les systèmes fiscaux en partant du terrain et en les abordant sous un autre angle que celui offert par des indicateurs administratifs et quantitatifs plus classiques, tels que le coefficient de pression fiscale (ratio impôts/PIB).

Le civisme fiscal se compose de plusieurs éléments étroitement liés. Une approche envisageable pour comprendre ces liens d'interdépendance est proposée par la Banque mondiale. Sa théorie du changement en faveur de la discipline fiscale (voir le Graphique 1) (Banque mondiale, à paraître) souligne la relation dynamique existant entre confiance, facilitation et application de la législation fiscale, et leur rôle dans le renforcement du civisme fiscal. Cette théorie repose sur le postulat que la confiance est déterminée par la mesure dans laquelle le système fiscal, notamment l'approche adoptée en matière de facilitation et d'application de la législation fiscale, présente des caractéristiques de justice, d'équité, de réciprocité et de responsabilité. En conséquence, renforcer la discipline fiscale ne passe pas seulement par une amélioration de l'application de la législation fiscale et le « respect imposé des obligations fiscales », mais aussi par la promotion d'un « respect quasi spontané des obligations fiscales », qui suppose d'établir une relation de confiance et de faciliter le paiement des impôts – tout ceci reposant sur un système d'application de la législation fiscale crédible, juste et équitable. Ainsi, l'adoption d'une approche davantage axée sur le service aux contribuables, plutôt que sur la mise en application du droit fiscal, a aidé l'administration suédoise des impôts à renforcer la confiance des citoyens à l'égard des pouvoirs publics, le civisme fiscal et, partant, la discipline fiscale.

Graphique 1. Théorie du changement en faveur de la discipline fiscale de la Banque mondiale

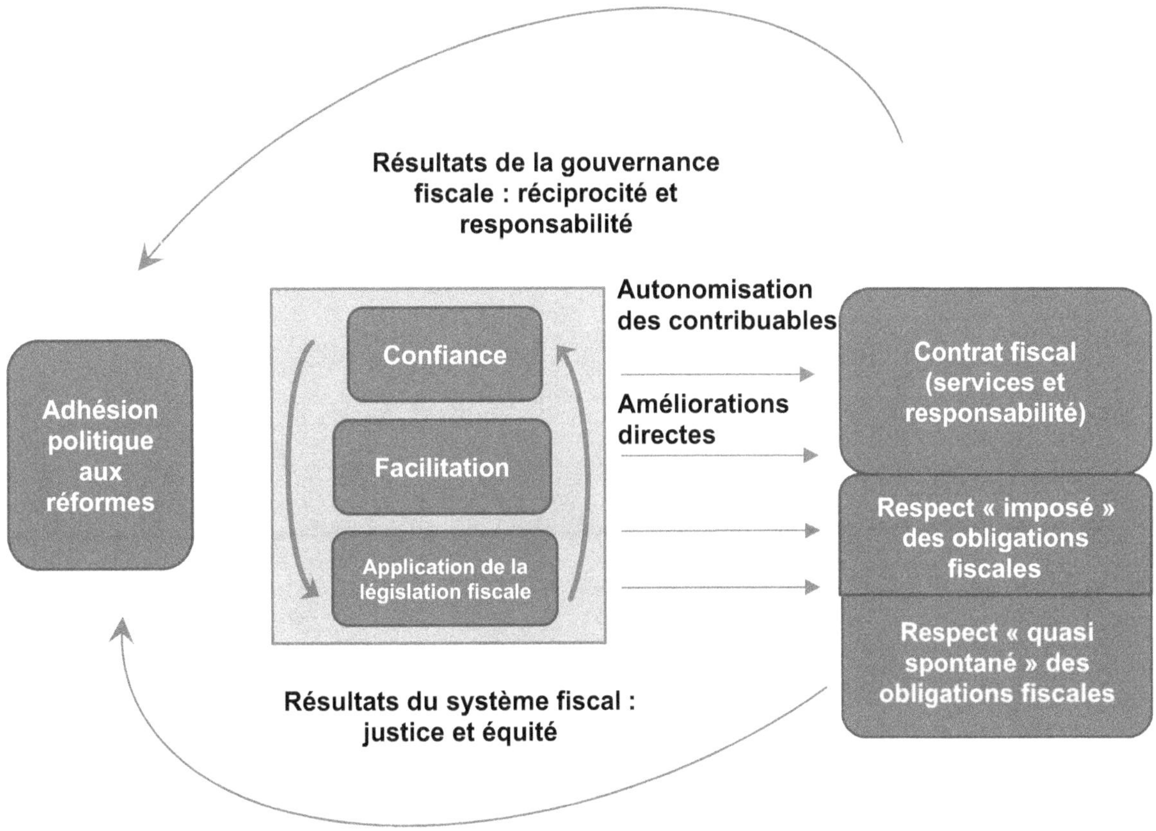

Ce rapport s'appuie sur une analyse empirique pour faire progresser le débat sur le civisme fiscal, notamment pour permettre de définir les mesures envisageables et les pistes que pourraient explorer de futurs travaux de recherche. Il ne cherche pas à apporter de réponses définitives, mais plutôt à recenser un certain nombre de domaines qui pourraient tirer parti d'une étude plus approfondie, soit en étant intégrés dans le processus de décision, soit dans le cadre d'une poursuite d'étude. Il fait appel aux échantillons de données disponibles les plus récents pour apporter un nouvel éclairage sur le civisme fiscal. Il comprend deux chapitres. Le premier porte sur le civisme fiscal des particuliers et repose sur une analyse microéconométrique d'enquêtes d'opinion menées aux niveaux mondial (*World Values Survey*) et régional (en Afrique, en Asie et en Amérique latine) (voir l'Annexe A). Cette analyse permet d'identifier les facteurs socioéconomiques et les perceptions des institutions susceptibles d'influer sur le civisme fiscal dans les pays en développement, et de rechercher des preuves de l'existence d'un contrat fiscal exerçant une influence sur le civisme fiscal. Le chapitre 2 porte sur le civisme fiscal des entreprises. Il passe en revue les rares études consacrées à ce thème, puis utilise la sécurité juridique en matière fiscale comme indicateur indirect du civisme fiscal des multinationales. Il s'appuie à cette fin sur des données d'enquête recueillies auprès de plus de 500 entreprises exerçant des activités dans plus de 80 pays en développement pour isoler certains des déterminants potentiels du civisme fiscal des entreprises multinationales et les effets de ce civisme.

Ce rapport a été rédigé par Camila Olate (précédemment au Centre de développement de l'OCDE / Centre de politique et d'administration fiscales), René Orozco (Centre de développement de l'OCDE / Centre de politique et d'administration fiscales) et Joseph Stead (Centre de politique et d'administration fiscales), sous la direction de Ben Dickinson (Centre de politique et d'administration fiscales). Angel Melguizo (précédemment au Centre de développement de l'OCDE) a apporté conseils et supervision lors de rédaction des premiers projets. Frida Kvamme et Synnoeve Holstad (Centre de politique et d'administration fiscales) y ont également apporté leur précieuse contribution. Il a été révisé à la suite de la Conférence sur le civisme fiscal organisée par le Groupe de travail sur la fiscalité et le développement dans les locaux de l'OCDE, à Paris, le 25 janvier 2019 et de la consultation publique qui a eu lieu du 10/04/19 au 10/05/19[3].

Table des matières

Tableaux

Graphiques

Encadrés

Suivez les publications de l'OCDE sur :

https://twitter.com/OECD

https://www.facebook.com/theOECD

https://www.linkedin.com/company/organisation-eco-cooperation-development-organisation-cooperation-developpement-eco/

https://www.youtube.com/user/OECDiLibrary

https://www.oecd.org/newsletters/

Abréviations et acronymes

ALC	Amérique latine et Caraïbes
APP	Accord préalable en matière de prix de transfert
ATAF	Forum sur l'administration fiscale africaine
BEEPS	Enquête sur l'environnement et les performances des entreprises (*Business Environment and Enterprise Performance Survey*)
BEPS	Érosion de la base d'imposition et transfert de bénéfices
BERD	Banque européenne pour la reconstruction et le développement
CAF	Société andine de développement (*Corporación Andina de Fomento*)
CEPALC	Commission économique des Nations Unies pour l'Amérique latine et les Caraïbes
CUA	Commission de l'Union africaine
FAFI	Forum sur l'administration fiscale
FIIAPP	Fondation internationale et ibéro-américaine d'administration et de politiques publiques
FMI	Fonds monétaire international
IISF	Inspecteurs des impôts sans frontières
MRI	Mobilisation des ressources intérieures
ODD	Objectifs de développement durable
ONU	Organisation des nations unies

PAAA	Programme d'Action d'Addis Abeba
PIB	Produit intérieur brut
PME	Petites et moyennes entreprises
PwC	PriceWaterhouseCoopers
TPS	Taxe sur les produits et services
TVA	Taxe sur la valeur ajoutée

Résumé

Contexte

Tous les pays et parties prenantes peuvent bénéficier d'une compréhension plus approfondie de ce qui motive les contribuables à vouloir faire partie du système fiscal et à s'y conformer. Approfondir cette notion peut enclencher la dynamique nécessaire à la conception de systèmes fiscaux plus efficaces et réactifs et mieux à même de faire progresser la discipline fiscale volontaire. Par conséquent, même si ce rapport porte essentiellement sur des considérations relevant du développement, ses conclusions et recommandations intéresseront probablement un plus large éventail de pays et de parties prenantes.

Ce rapport est axé sur les pays en développement, étant donné que les Objectifs de développement durable (ODD) et le Programme d'action d'Addis-Abeba (PAAA) ont clairement mis en évidence la nécessité de favoriser une amélioration de l'efficacité et de l'efficience de la mobilisation des ressources intérieures. Cette dernière occupe une place centrale dans le financement du développement et les recettes fiscales constituent la première source de ce financement, quel que soit le niveau de développement. Comme on estime qu'il manque entre 3 000 milliards et 14 000 milliards USD pour financer les ODD (CEPALC, 2017[3]), les ODD comme le PAAA soulignent que la communauté internationale doit œuvrer pour que la mobilisation des ressources intérieures contribue au maximum à combler ce déficit de financement.

Jusqu'à présent, l'essentiel des efforts déployés en matière de mobilisation des ressources intérieures a porté sur la politique fiscale internationale et le renforcement des capacités des administrations fiscales. Depuis la crise financière mondiale de 2008, la politique fiscale internationale suscite un intérêt considérable, ainsi que les questions relatives à la fraude et à l'évasion fiscales transfrontalières. De ce fait, divers outils, normes et approches nouveaux ont été créés pour remédier aux problèmes que constituent la non-déclaration d'avoirs détenus à l'étranger par les particuliers et la planification fiscale agressive des entreprises multinationales. Outre ces nouveaux mécanismes, qui sont prometteurs pour les pays développés comme les économies en développement, l'accent a été mis de plus en plus sur la création et l'évaluation des éléments constitutifs de l'efficacité des administrations fiscales.

En revanche, la compréhension et l'amélioration du civisme fiscal ont été des questions relativement négligées. Le civisme fiscal, généralement défini comme la motivation intrinsèque du paiement de l'impôt, est un aspect primordial des systèmes fiscaux puisque la plupart d'entre eux doivent l'essentiel de leurs recettes au respect spontané de leurs obligations par les contribuables. Son amélioration est donc de nature à permettre de recouvrer plus de recettes en mobilisant des moyens de mise en œuvre (relativement) limités. Sur le court terme, ce potentiel d'amélioration peut se situer essentiellement dans des approches économiques de type comportemental, alors que sur le long terme il faudra davantage de changements structurels pour asseoir la confiance et la légitimité auprès des contribuables. Compte tenu de ce potentiel, il est paradoxal qu'il ait suscité relativement peu d'intérêt.

Ce rapport porte spécifiquement sur le civisme fiscal dans les pays en développement, et fait appel à de nouvelles sources de données pour cerner certains des facteurs et dynamiques qui le sous-tendent. Une meilleure connaissance des facteurs qui influent sur la perception du système fiscal par les contribuables et sur leur consentement à payer des impôts constitue un point de départ pour améliorer le civisme fiscal. Le rapport tente de déceler les déterminants du civisme fiscal parmi les particuliers et les entreprises à partir de données récentes, bien que les données soient limitées, surtout dans les pays en développement ; de ce fait des aspects importants n'ont pas pu être testés, comme la manière dont l'équité du système fiscal est perçue et peut affecter le civisme fiscal. Cela pourrait être un domaine à valoriser pour les recherches à venir dès que les données seront disponibles. Dans le chapitre 1 sont analysées des données issues d'enquêtes de portée mondiale ou régionale menées auprès des particuliers. Le grand nombre de répondants permet de réaliser une étude relativement approfondie par le biais d'une analyse microéconométrique. Les données sur le civisme fiscal des entreprises sont plus difficiles à obtenir. En utilisant la sécurité juridique en matière fiscale comme indicateur indirect du civisme fiscal, nous nous sommes efforcés dans le chapitre 2 de recenser certains des facteurs susceptibles d'influer sur le civisme fiscal des entreprises multinationales à partir de données d'enquête recueillies auprès de plus de 500 entreprises exerçant des activités dans plus de 80 pays en développement et représentant un chiffre d'affaires global de plus de 15 000 milliards USD.

Le civisme fiscal des particuliers

Le civisme fiscal est généralement plus élevé dans les pays où la fiscalité est plus lourde. Bien qu'il existe de fortes disparités entre les pays, ceux où les impôts représentent un fort pourcentage du produit intérieur brut (PIB) se caractérisent en général par un civisme fiscal plus élevé. Cette corrélation pourrait être la manifestation d'un cercle vertueux entre efficacité de l'État, civisme fiscal plus élevé et respect spontané des obligations fiscales (et application effective des lois), ou témoigner de l'existence d'un contrat fiscal entre les contribuables et l'État (une volonté exprimée par les citoyens de payer des impôts en échange de services publics efficaces (OCDE/ SAD/CEPALC, 2018[4]). L'analyse réalisée au niveau régional permet d'évaluer plus précisément cette dynamique.

De nouvelles données d'enquêtes de perception réalisées auprès du grand public confirment les conclusions d'études antérieures, à savoir que l'âge, le niveau d'études, le sexe, la religion et la confiance dans l'administration sont autant d'éléments qui semblent avoir une incidence sur le civisme fiscal. Une comparaison de la nouvelle analyse mondiale avec celle réalisée huit ans plus tôt montre que les facteurs qui influent sur le civisme fiscal sont en grande partie restés les mêmes. Au niveau mondial, les personnes plus âgées, ayant un niveau d'études plus élevé ou des convictions religieuses se caractérisent systématiquement par un civisme fiscal plus élevé, de même que les femmes en général. Il en va de même pour les personnes qui font davantage confiance que les autres à l'administration. Ces résultats sont confirmés dans l'analyse régionale, en particulier en Amérique latine, même si l'Afrique se démarque à certains égards.

Alors qu'au niveau mondial, les femmes manifestent un civisme fiscal plus élevé que les hommes, il s'avère que la situation est inverse en Afrique. Les causes de ce phénomène ne sont pas claires, et les résultats des analyses effectuées soulignent la nécessité de mener des travaux complémentaires sur le genre et la fiscalité (en allant au-delà du civisme fiscal), notamment sur des aspects tels que la manière dont les services à la personne non rémunérés sont pris en compte par le système fiscal et les différences de pression fiscale entre les secteurs à prédominance féminine et les secteurs à prédominance masculine. Un manque de données ventilées par sexe fait pour l'heure obstacle à la réalisation de ces travaux.

Des données plus détaillées, qui n'existent actuellement que pour l'Afrique, montrent que la qualité perçue de l'administration de l'impôt joue un rôle décisif dans le civisme fiscal. Les données d'enquête révèlent que la légitimité perçue de l'autorité fiscale est le facteur qui influe le plus sur le civisme fiscal en Afrique.

Les données relatives à l'Afrique mettent en lumière l'existence d'une corrélation positive entre civisme fiscal et prestations de services publics, alors que ce lien est moins évident en Amérique latine. En Afrique, l'amélioration du civisme fiscal va de pair avec une satisfaction à l'égard des services publics, ce qui corrobore l'existence d'un contrat fiscal. Ce lien est moins évident en Amérique latine, où la confiance dans l'administration joue un rôle important, mais un plus haut niveau de satisfaction à l'égard du système de santé est associé à un moindre civisme fiscal. Ce résultat contredit en outre les conclusions d'études antérieures, ce qui laisse à penser que le contrat fiscal est peut-être plus faible (à tout le moins en Amérique latine) qu'on ne le pense, en particulier dans des domaines comme celui de la santé, où le rôle de l'État évolue et la participation financière des individus est non négligeable.

Le civisme fiscal des entreprises

Compte tenu du volume limité de données pouvant être exploitées, l'opinion des entreprises sur la sécurité juridique en matière iscale dans les régions en développement a été utilisée comme indicateur indirect du civisme fiscal dans les multinationales. Les facteurs susceptibles d'influer sur le civisme fiscal ne sont pas les mêmes pour les petites et moyennes entreprises (PME) et les multinationales. Tandis que les observations faites dans les PME corroborent celles conduites auprès des particuliers, il est probable que la taille et le niveau de complexité des multinationales contribuent également à complexifier la situation en matière de civisme fiscal. Ce rapport se concentre sur le civisme fiscal dans les multinationales, du fait que celles-ci sont particulièrement importantes dans le système des recettes des pays en développement, comprenant une part significative de la base d'imposition. Faute de données pour les multinationales, le civisme fiscal des entreprises multinationales a été étudié indirectement, à partir d'une enquête sur la sécurité juridique en matière fiscale. Il semblerait que la sécurité juridique en matière fiscale soit une des composantes essentielles du civisme fiscal. En d'autres termes, plus les multinationales ont l'impression que la sécurité juridique en matière fiscale est faible, moins elles seraient enclines à prendre une part active ou positive dans le système fiscal (ou en tout cas dans les secteurs les plus incertains). Cette relation, ajoutée au manque de données spécifiques en matière de civisme fiscal dans les multinationales, fait de la sécurité juridique en matière fiscale un indicateur possible de civisme fiscal.

La sécurité juridique en matière fiscale semble influer davantage sur les décisions des entreprises dans les pays en développement que dans ceux de l'OCDE : elle modifie la structure des entreprises, alourdit leurs coûts et modifie leurs décisions en matière d'investissement. Il s'avère que l'insécurité juridique en matière fiscale influe beaucoup plus souvent sur les décisions des entreprises dans les pays en développement que dans les pays membres de l'OCDE. Elle a des conséquences diverses, entraînant notamment une hausse du coût des investissements, des modifications de la structure des entreprises, voire une diminution du montant des investissements ou une modification de leur localisation. Ainsi, bien que d'autres études montrent clairement que la fiscalité est rarement le facteur déterminant de la décision d'une entreprise d'investir ou non dans un pays donné, la sécurité juridique en matière fiscale peut avoir une forte incidence sur la localisation, les modalités et l'ampleur des investissements réalisés.

Même s'il existe des variations d'une région à l'autre, la fiscalité internationale et les relations entre les autorités fiscales et les entreprises sont des préoccupations communes à tous les pays en développement. Les aspects internationaux de la fiscalité sont cités de manière persistante comme des préoccupations importantes. Ce résultat, sans doute logique étant donné que l'enquête a principalement été réalisée auprès d'entreprises multinationales, témoigne de l'intérêt qu'il y aurait à adopter des normes fiscales internationales, et de la nécessité de renforcer les capacités en matière de fiscalité internationale. Les autres préoccupations souvent citées ont trait aux différences de traitement ou à l'incapacité d'obtenir une réponse sûre concernant certains points (allègements, remboursements d'impôts, décisions fiscales anticipées). Globalement, ces difficultés peuvent être reliées à un problème de confiance, ce qui montre que la confiance entre les contribuables et les autorités fiscales constitue probablement un élément clé du civisme fiscal des entreprises multinationales.

Prochaines étapes

Les conclusions de ce rapport relèvent un grand nombre de questions à aborder par les décideurs publics et dont il faut poursuivre l'exploration. Tant pour les particuliers que pour les entreprises, il existe un grand nombre de domaines, notamment au niveau du soutien au développement des administrations fiscales, pour lesquels les conclusions de ce rapport soutiennent l'intensification et les potentielles adaptations à apporter aux efforts actuellement déployés. De même, il existe un grand nombre de domaines prometteurs qui permettront d'approfondir la compréhension des modèles recensés dans ce rapport et de contribuer à l'intégration des considérations de civisme fiscal au sein des objectifs plus larges de développement. Étant donné les disparités décelées dans ce rapport et les interactions complexes entre le civisme fiscal et les autres déterminants de la discipline fiscale, il sera essentiel pour la poursuite des travaux d'examiner le pays à un niveau national (ou régional), ainsi que le rôle des autres facteurs accompagnant le civisme fiscal.

Considérations relatives à l'action publique

Particuliers

- Soutien aux programmes d'éducation des contribuables y compris en incorporant les recherches et analyses relatives au civisme fiscal au sein des programmes
- Soutien au développement des administrations fiscales – notamment en facilitant le paiement des impôts.
- Sur le plus long terme, chercher à renforcer les liens recettes-dépenses afin d'établir un contrat social – et examiner soigneusement la question avant d'introduire des taxes affectées à un objet précis.

Entreprises (plus particulièrement les multinationales) :

- Poursuivre l'expansion du renforcement des capacités des administrations fiscales – en accordant une attention toute particulière à la fiscalité internationale, la TVA et les régimes fiscaux de retenues à la source.

- Exploiter l'expérience et l'expertise d'autres administrations fiscales peut s'avérer précieux.
- Faire progresser l'implication des entreprises en termes de renforcement des capacités des administrations fiscales – pour faire comprendre les procédés industriels et leurs structures.

Poursuite des recherches

Particuliers

- Davantage d'analyses approfondies au niveau des pays, y compris des enquêtes visant à déceler les déterminants du civisme fiscal aux niveaux local et régional ainsi que leur relation aux autres facteurs de conformité
- Approfondir le niveau de compréhension des déterminants et des composantes de la confiance dans les pouvoirs publics
- Étendre les recherches et les données disponibles sur les pays en développement, notamment sur la fiscalité et le genre.

Entreprises

- Recenser d'autres approches et sources de données pour mesurer le civisme fiscal dans les entreprises, quelle que soit leur taille.
- Mener des recherches au niveau des pays pour recenser les principaux problèmes qui affectent le civisme fiscal parmi les différents types d'entreprises (taille et secteurs d'activité)
- Poursuivre les recherches pour mieux comprendre les répercussions des autres composantes du civisme fiscal pour les entreprises – par exemple la Déclaration de bonnes pratiques fiscales en matière de relations avec les autorités fiscales des pays en développement, élaborées par le Comité consultatif économique et industriel auprès de l'OCDE (BIAC)
- Repérer l'influence sur le civisme fiscal qu'ont les particuliers les plus importants dans l'entreprise (comme les membres du Conseil, le PDG, les hauts fonctionnaires des impôts) y compris les conseillers fiscaux.

Références

Ali, M., O. Fjeldstad et I. Sjursen (2014), « To Pay or Not to Pay? Citizens' Attitudes Toward Taxation in Kenya, Tanzania, Uganda, and South Africa », *World Development*, vol. 64, pp. 828-842, https://doi.org/10.1016/J.WORLDDEV.2014.07.006. [2]

CEPALC (2017), *Financing the 2030 Agenda for Sustainable Development in Latin America and the Caribbean*, https://repositorio.cepal.org/bitstream/handle/11362/41197/4/S1700214_en.pdf (consulté le 8 mars 2019). [3]

Cummings, R. et al. (2009), « Tax morale affects tax compliance: Evidence from surveys and an artefactual field experiment », *Journal of Economic Behavior & Organization*, vol. 70/3, pp. 447-457, https://doi.org/10.1016/J.JEBO.2008.02.010. [1]

OCDE/ SAD/CEPALC (2018), *Latin American Economic Outlook 2018: Rethinking Institutions for Development*, Éditions OCDE, Paris, https://doi.org/10.1787/leo-2018-en. [4]

Torgler, B. (2005), « Tax morale and direct democracy », *European Journal of Political Economy*, vol. 21/2, pp. 525-531, https://doi.org/10.1016/j.ejpoleco.2004.08.002. [5]

Notes

[1] Voir https://www.oecd.org/tax/beps/.

[2] Il s'agit de la définition la plus couramment utilisée et admise dans les travaux publiés sur la question. Voir par exemple (Torgler, 2005[5]).

[3] Les commentaires reçus sont disponibles sur ce lien : https://www.oecd.org/tax/tax-global/public-comments-received-on-draft-report-on-tax-morale.htm.

1 Le civisme fiscal des particuliers

Ce chapitre se concentre sur les moteurs du moral fiscal des particuliers. Utilisant une analyse économétrique des enquêtes d'opinion publique aux niveaux mondial et régional, il identifie un certain nombre de facteurs socio-économiques et institutionnels qui influencent le moral fiscal. Le chapitre examine également un certain nombre de réponses politiques visant à renforcer le moral fiscal, notamment les programmes d'éducation des contribuables, les approches d'économie comportementale et les impôts hypothéqués. Bien qu'une analyse plus détaillée au niveau national soit nécessaire avant de s'engager dans des changements politiques concrets, l'aperçu fourni dans ce chapitre constitue un point de départ pour la discussion et la recherche sur le rôle du moral fiscal dans les pays en développement.

De plus en plus d'études démontrent l'existence d'une corrélation significative et positive entre le civisme fiscal et la discipline fiscale dans les pays développés comme dans les économies en développement (Ali, Fjeldstad et Sjursen, 2014[1] ; Cummings et al., 2009[2]). Le recours croissant à l'économie comportementale pour favoriser la discipline fiscale observée depuis peu montre que les administrations fiscales cherchent à exploiter les connaissances sur le civisme fiscal pour inciter les contribuables à mieux respecter leurs obligations (OCDE, 2017[3]).

Ce chapitre fait appel à de récentes enquêtes d'opinion pour réexaminer les conclusions d'études antérieures (OCDE, 2013[4]) **et approfondir la compréhension des facteurs qui influent sur le civisme fiscal, en particulier en Afrique, en Asie et en Amérique latine.** Au niveau mondial, les questions posées aux sondés étaient axées sur le caractère justifié ou non des pratiques d'évasion et de fraude fiscales, ce qui limite nécessairement la définition du civisme fiscal, mais davantage d'indicateurs indirects ont été employés au niveau régional. L'analyse porte sur les facteurs socioéconomiques et institutionnels, qui sont examinés à la fois à l'échelon mondial et au niveau régional. En outre, à partir de ces éléments, elle vise à déterminer la solidité de l'hypothèse selon laquelle le contrat fiscal constitue un aspect déterminant du civisme fiscal (OCDE/ SAD/CEPALC, 2018[5]).

Conjugués aux enseignements tirés d'autres études, les résultats obtenus montrent qu'il pourrait être intéressant d'accorder davantage d'attention et de mieux utiliser les travaux sur le civisme fiscal pour l'élaboration et la mise en œuvre des politiques fiscales, par exemple pour améliorer le profilage des contribuables et les programmes éducatifs qui leur sont destinés. Ils révèlent aussi que des travaux complémentaires sont nécessaires, notamment sur les différences entre hommes et femmes en matière de civisme fiscal..

L'accent mis sur le civisme fiscal devrait venir en complément et non pas remplacer les efforts entrepris pour améliorer la discipline fiscale. Le civisme fiscal représente une partie des décisions de discipline fiscale prises par les particuliers et doit donc être pris en considération parmi d'autres facteurs (comme par exemple sa mise en application). Si ces travaux constituent un bon point de départ de discussion du civisme fiscal et de sa prise en considération, d'autres recherches approfondies au niveau des pays seront nécessaires pour déceler en pratique la meilleure manière d'intégrer les considérations de civisme fiscal au sein d'une stratégie fiscale plus large des pouvoirs publics dans les pays.

1.1. Le civisme fiscal aujourd'hui : analyse mondiale

Le présent rapport confirme les constatations effectuées il y a une dizaine d'années quant aux facteurs socioéconomiques et institutionnels associés au civisme fiscal. Les travaux antérieurs (OCDE, 2013[4]) identifiaient ces facteurs à partir de l'enquête mondiale sur les valeurs (WVS, World Values Survey). Cette analyse a été répétée à partir des nouvelles données recueillies dans le cadre d'une vague plus récente de cette enquête (la méthodologie est présentée dans l'Annexe A et le Tableau A.A.3), et les résultats obtenus confirment les constatations antérieures. Il est ainsi possible d'identifier des tendances sur une longue période et de formuler des recommandations à l'intention des pouvoirs publics avec une certaine confiance.

C'est dans les pays membres de l'OCDE et en Amérique latine que le civisme fiscal est le plus élevé, et en Afrique et en Europe de l'Est qu'il est le plus faible. La comparaison des attitudes individuelles à l'égard de l'évasion et de la fraude fiscales[1] permet de mesurer et de comparer le civisme fiscal dans différentes régions. Les résultats sont présentés dans le Graphique 1.1. Selon cette méthode de mesure, la zone OCDE[2] et les pays d'Amérique latine sont les régions qui affichent le civisme fiscal le plus élevé (voir la section 1.3, sur l'évolution récente observée en Amérique latine), plus de 70 % de la population affirmant qu'il ne peut jamais être justifié de tricher concernant les impôts.

Ce pourcentage dépasse tout juste 50 % en Afrique et en Europe de l'Est. Il existe cependant des disparités au sein de chaque région, en particulier en Afrique, où la proportion de sondés estimant qu'il ne peut jamais être justifié de tricher concernant les impôts est comprise entre 82 % dans le pays au civisme fiscal le plus élevé et 32 % dans le pays où il est le plus faible.

Graphique 1.1. Le civisme fiscal dans le monde, par région, 2010-2014

Pourcentage de la population estimant qu'il ne peut jamais être justifié de tricher concernant les impôts

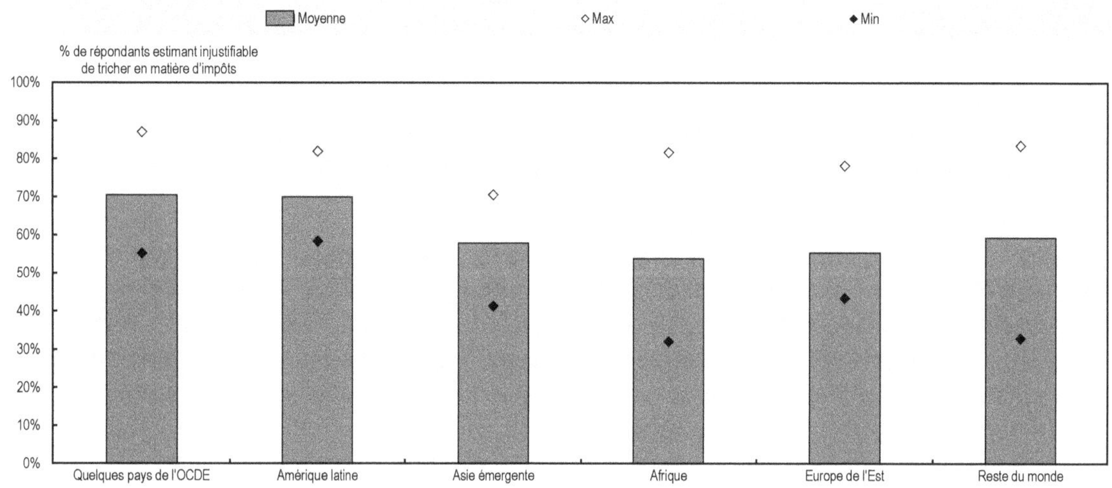

Note : Dans chaque région, le civisme fiscal est mesuré à partir du pourcentage de personnes indiquant qu'il ne peut jamais être justifié de tricher concernant ses impôts. Le Tableau A.A.1 dans l'Annexe A présente le classement des pays.
Source : Calculs effectués par le Centre de développement de l'OCDE et le Centre de politique et d'administration fiscales à partir de l'enquête mondiale sur les valeurs (WVS, World Values Survey) (2010-2014).

Les pays où la fiscalité est plus lourde en pourcentage du PIB se caractérisent par un civisme fiscal plus élevé. Le Graphique 1.2 met en évidence une corrélation positive entre le civisme fiscal observé dans un pays et son coefficient de pression fiscale (ratio impôts/PIB), chaque point représentant un des pays couverts par l'enquête mondiale sur les valeurs (WVS, *World Values Survey*). Cette corrélation pourrait être un élément d'explication des différences entre régions, les pays membres de l'OCDE et l'Amérique latine ayant globalement un coefficient de pression fiscale plus élevé que d'autres régions. La causalité de cette corrélation n'est pas claire, mais il est possible qu'elle traduise l'existence d'un cercle vertueux entre prestations de services publics, discipline fiscale spontanée et stabilité fiscale, qui sont trois questions auxquelles beaucoup de pays en développement ont des difficultés à apporter des réponses. D'autres corrélations pourraient être intéressantes, comme l'incidence du caractère informel sur le civisme fiscal par exemple, mais le manque de données entrave pour le moment ce type d'exercice (tout au moins dans le contexte d'une analyse multi-pays. Certaines de ces dynamiques sont explorées de manière plus approfondie dans la suite du chapitre, notamment dans l'analyse régionale.

Graphique 1.2. Civisme fiscal et coefficient de pression fiscale

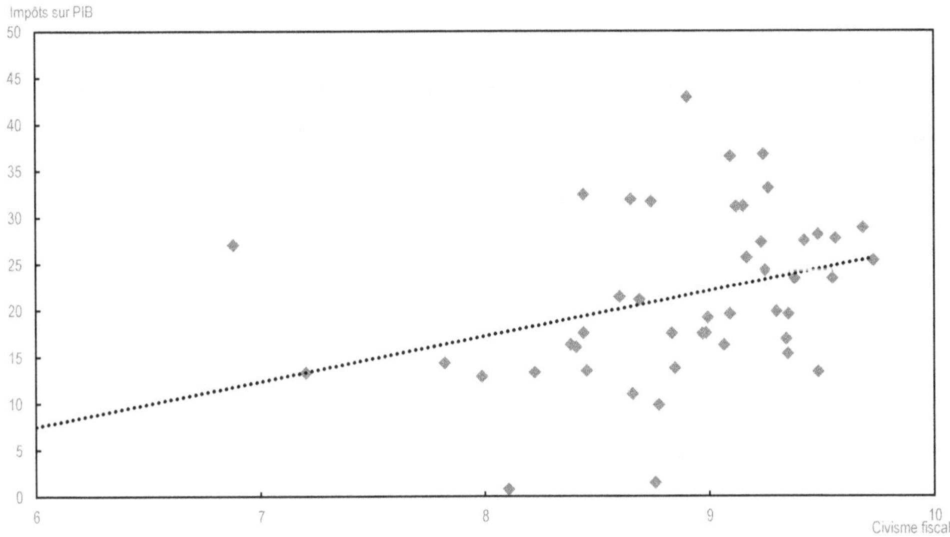

Source : Les données relatives au civisme fiscal proviennent de l'enquête mondiale sur les valeurs (WVS, World Values Survey) (2010-2014). Les données relatives aux coefficients de pression fiscale (ratios impôts/PIB) sont issues de la base de données mondiale des statistiques des recettes publiques de l'OCDE et de la base de données des Indicateurs du développement dans le monde.

Il existe un lien fort entre les facteurs institutionnels et socioéconomiques et le civisme fiscal, ce qui confirme les résultats d'études antérieures. Le Graphique 1.3 présente les effets marginaux (les résultats complets sont présentés dans le Tableau A.A.2) de chacune des variables considérées sur la probabilité de faire état d'un civisme fiscal élevé. En d'autres termes, il indique l'effet qu'a sur le civisme fiscal une augmentation d'une unité de la variable considérée – comme un renforcement de la confiance dans l'administration, le fait d'être âgé d'un an de plus ou d'avoir achevé un cycle d'études supplémentaire (consistant par exemple à être titulaire d'un diplôme universitaire, plutôt que d'un diplôme de fin d'études secondaires). Le Graphique 1.3 présente également, lorsqu'ils sont disponibles, les résultats de travaux antérieurs de l'OCDE (reposant sur les données de l'enquête mondiale sur les valeurs de 2005) aux fins de comparaison (OCDE, 2013[4]). L'analyse s'est livrée à des tests destinés à établir le rôle des différents niveaux de salaire et de statut professionnel (emploi ou chômage) tels qu'ils sont perçus, mais aucune corrélation significative n'a été établie (voir Annexe A, tableau A.3). Les réponses reçues lors de la consultation ont mis en évidence qu'il serait utile de poursuivre les recherches en faisant appel à d'autres sources de données, pour mieux comprendre le civisme fiscal des particuliers fortunés. De telles recherches pourraient explorer à la fois la manière dont les particuliers fortunés réagissent aux mesures d'amnistie fiscale, pour lesquelles les réponses reçues lors de la consultation ont décelé aussi bien des bénéfices que des risques potentiels, que la manière dont le comportement fiscal des plus fortunés affecte le civisme fiscal des autres contribuables (OECD, 2019[6])

Graphique 1.3. Facteurs institutionnels et socioéconomiques associés au civisme fiscal

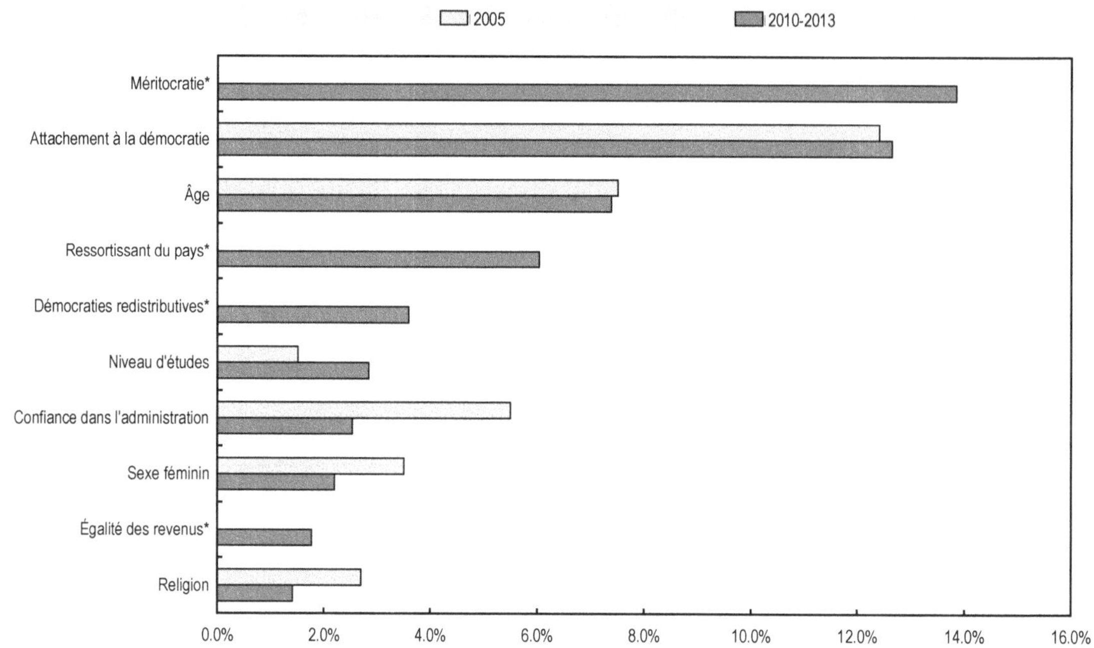

Note : * absence de données issues d'études antérieures. Effets marginaux sur la probabilité de faire état d'un civisme fiscal élevé. Les résultats reposent sur les coefficients de régression des variables significatives présentés dans la colonne 7 du Tableau A.A.3qui figure dans l'Annexe A.
Sources : Calculs effectués par le Centre de développement de l'OCDE et le Centre de politique et d'administration fiscales à partir de l'enquête mondiale sur les valeurs (WVS, *World Values Survey*) (2010-2014) et OCDE (2013).

L'analyse des résultats mondiaux souligne que les facteurs socioéconomiques sont des déterminants du civisme fiscal des particuliers :

- Les personnes qui ont un niveau d'études relativement élevé sont plus disposées à payer des impôts.
- Les femmes ont un civisme fiscal plus élevé que les hommes.
- Les personnes plus âgées sont moins susceptibles d'estimer qu'il est justifié de tricher concernant les impôts que les personnes plus jeunes.
- Les personnes qui vivent dans le pays dont elles sont ressortissantes ont un civisme fiscal plus élevé que les non-ressortissants.
- Les personnes qui revendiquent une croyance ou une identité religieuse sont plus disposées à payer des impôts.

Certains de ces résultats n'ont sans doute rien d'étonnant – par exemple, les personnes qui ont suivi des études supérieures sont plus susceptibles que les autres de comprendre le rôle de la fiscalité dans l'économie. La confirmation de l'existence de ces liens présente néanmoins un intérêt pratique, puisqu'elle permet de valider l'idée que les facteurs considérés peuvent être utilisés pour établir des profils de contribuables et mieux cibler les efforts déployés pour améliorer la discipline fiscale. Il est cependant nécessaire de réaliser ce type d'analyse à l'échelon national (voire infranational) pour s'assurer de sa validité dans un contexte local particulier. L'analyse régionale indique en effet (voir les sections 1.2 à 1.4 ci-après) que ces facteurs peuvent être plus ou moins significatifs.

S'agissant des facteurs institutionnels, les politiques publiques et le fonctionnement de l'État aussi sont susceptibles d'avoir un effet significatif sur le civisme fiscal :

- Les personnes qui estiment vivre dans une société méritocratique font preuve d'un civisme fiscal nettement plus élevé.
- Celles qui ont confiance dans l'administration de leur pays ont également un civisme fiscal plus élevé que celles qui n'ont pas confiance.
- Les personnes pour qui la redistribution par l'impôt est fondamentale (autrement dit pour qui les pouvoirs publics doivent imposer les riches pour pouvoir aider les pauvres) manifestent également un civisme fiscal plus élevé.
- Celles qui considèrent la démocratie comme le meilleur régime politique pour leur pays pensent aussi généralement que rien ne justifie de tricher concernant les impôts.

Toutes ces variables ont pour dénominateur commun l'influence décisive exercée sur le civisme fiscal par le fonctionnement de l'État et sa capacité à pourvoir aux besoins des citoyens. La confiance dans l'administration, par exemple, est influencée par la capacité de l'État de tenir ses promesses ; de même, la méritocratie perçue dépend de l'aptitude de l'État à contribuer à créer une société où travail assidu rime avec réussite et où chacun a ses chances. Ainsi qu'il est indiqué dans les réponses reçues à la consultation de ce rapport, il serait intéressant également de voir de quelle manière la perception qu'ont les contribuables de l'équité du système fiscal affecte le civisme fiscal, mais ces données ne sont pas disponibles pour le moment (OECD, 2019[7])

L'analyse des données mondiales est utile jusqu'à un certain point seulement, car seules des données régionales ou nationales peuvent permettre d'étudier les aspects spécifiques du fonctionnement de l'État qui influent sur le civisme fiscal. Les sections suivantes présentent les résultats obtenus à cet égard en Afrique, en Asie et en Amérique latine.

1.2. Analyse régionale du civisme fiscal – Afrique

Le civisme fiscal semble s'améliorer en Afrique. Le Graphique 1.4 ci-après montre que la proportion d'Africains convaincus qu'il est légitime que les autorités fiscales contraignent la population à payer des impôts est passée de 22 % en 2005 à 30 % en 2015. De surcroît, davantage d'Africains estimaient que le fait de ne pas payer ses impôts était un acte répréhensible qui devait être sanctionné en 2015 que lors des précédentes enquêtes (Afrobaromètre, 2011-2013). Il existe cependant d'amples variations d'un pays à l'autre, et bien que le civisme fiscal ait augmenté dans la plupart des pays, il a diminué dans d'autres (Afrobaromètre, 2011-2015).

Graphique 1.4. Le civisme fiscal en Afrique

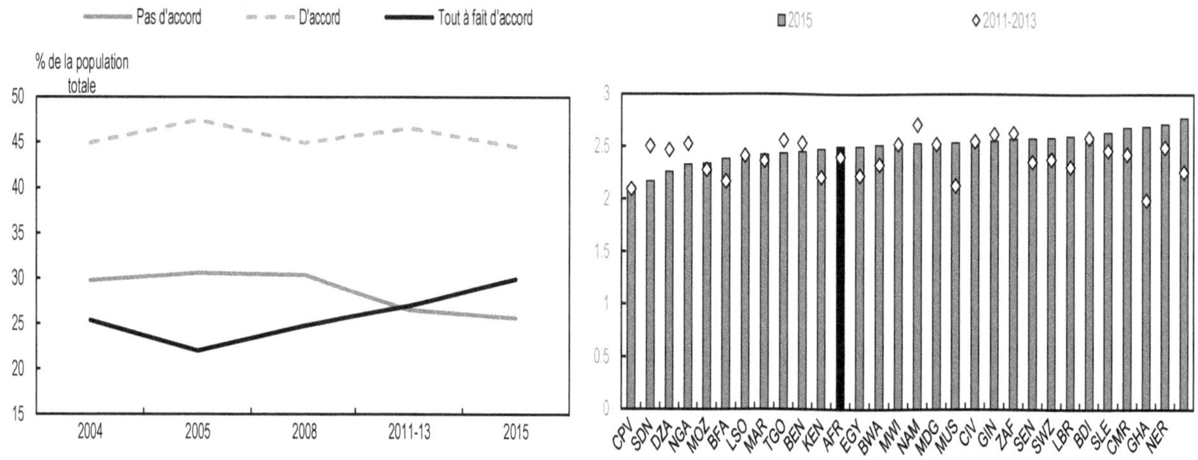

Note : La partie A présente les réponses à la question : « Pour chacune des affirmations suivantes, indiquez si vous êtes d'accord ou non : les autorités fiscales ont toujours le droit de contraindre la population à payer des impôts ». Dans la partie B, le civisme fiscal correspond à la moyenne de toutes les observations disponibles pour la question : « Dans quelle mesure est-il répréhensible de ne pas payer ses impôts ? », à laquelle les personnes étaient invitées à répondre sur une échelle allant de 1 (ce n'est pas répréhensible du tout) à 3 (c'est un acte répréhensible qui doit être sanctionné). La barre noire correspond à la moyenne simple de donnée relatives aux pays inclus dans l'enquête Afrobaromètre.
Source : Calculs effectués par le Centre de développement de l'OCDE et le Centre de politique et d'administration fiscales à partir de l'enquête Afrobaromètre (2015).

Cette hausse peut avoir plusieurs causes, parmi lesquelles l'augmentation du coefficient de pression fiscale (ratio impôts/PIB) et l'amélioration de l'administration de l'impôt. Le Graphique 1.2 met en lumière l'existence d'une corrélation entre le civisme fiscal et le coefficient de pression fiscale, lequel augmente progressivement en Afrique depuis quelque temps. Ainsi, le ratio moyen calculé pour les 21 pays pris en compte dans la publication Statistiques des recettes fiscales en Afrique 2018 (OCDE/ATAF/CUA, 2018[8]) a franchi en 2004 le seuil de 15 %, niveau communément considéré comme le minimum nécessaire au fonctionnement efficace de l'État. Le fait que ce seuil minimum de capacité de l'État ait été atteint pourrait donc s'expliquer par l'apparition du cercle vertueux décrit précédemment entre impôts et prestation de services publics. Par ailleurs, Moore et al. soulignent que les autorités fiscales africaines progressent régulièrement (Moore, Prichard et Fjeldstad, 2018[9]). Les données d'enquête plus précises disponibles pour l'Afrique permettent d'évaluer l'influence exercée sur le civisme fiscal par des facteurs tels que les prestations de services publics et l'administration de l'impôt.

L'amélioration perçue de la qualité de l'administration fiscale a une incidence significative sur le civisme fiscal. Afrobaromètre est la plus détaillée des enquêtes régionales et comporte un volet sur l'administration fiscale. Le Graphique 1.5 ci-après décrit l'importance que revêtent l'image et la qualité des autorités fiscales pour les contribuables. Ce sont les gains de légitimité perçue de ces autorités fiscales qui font le plus progresser le civisme fiscal, et l'établissement de liens entre impôts et dépenses publiques, en particulier dépenses de santé, pourrait renforcer le consentement à payer davantage d'impôts. Les récentes améliorations au sein des administrations fiscales ont de ce fait joué un rôle décisif dans la progression du civisme fiscal en Afrique.

Simplifier le paiement des impôts semble renforcer le consentement à payer. L'effet négatif sur le civisme fiscal du sentiment qu'il est difficile de savoir comment payer ses impôts est une autre constante observée. Plusieurs solutions peuvent être envisagées par les pouvoirs publics pour remédier à ce problème. D'abord, les programmes éducatifs qui sensibilisent les contribuables aux raisons justifiant de payer des impôts et leur expliquant comment les acquitter constituent un moyen de rendre le système fiscal plus accessible aux contribuables. Ensuite, un recours accru aux technologies pourrait permettre d'améliorer le recouvrement de l'impôt : bien utilisées, les technologies peuvent à la fois simplifier le processus de paiement des impôts et renforcer l'intégrité du système fiscal, en réduisant les possibilités de corruption (Bird et Zolt, 2008[10]). Beaucoup de pays en développement ont réalisé d'importants progrès s'agissant de la corruption (ce qui est probablement un des facteurs à l'origine de l'amélioration de la légitimité perçue des autorités fiscales africaines), mais il subsiste un potentiel considérable. Le Forum de l'OCDE sur l'administration fiscale (FAF) s'est saisi de cette question et s'emploie à cerner les meilleures pratiques pour l'utilisation des technologies dans le domaine de l'administration fiscale. Enfin, s'attaquer au phénomène des « petits impôts », qui sont certes négligeables en termes statistiques mais constituent l'essentiel des impôts acquittés par une grande partie de la population africaine (notamment les femmes), pourrait constituer un moyen d'améliorer le civisme fiscal en Afrique (Moore, Prichard et Fjeldstad, 2018[9])[3].

Graphique 1.5. Facteurs associés au civisme fiscal en Afrique, 2015

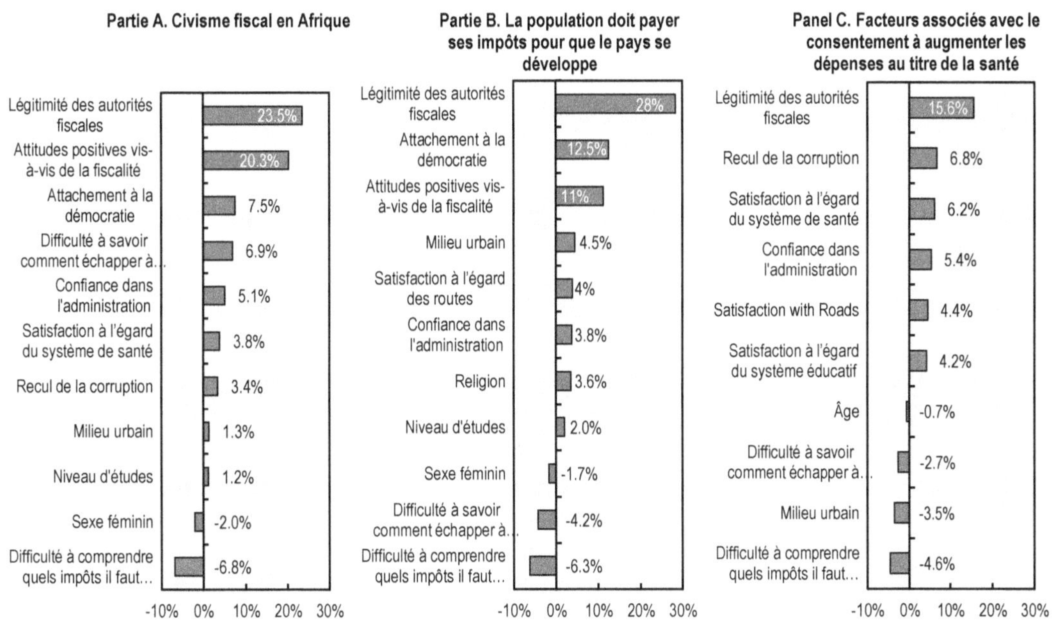

Note : Effets marginaux sur la probabilité de faire état d'un civisme fiscal élevé et d'un fort consentement à une hausse d'impôts. Les résultats présentés dans les parties A, B et C reposent sur les coefficients de régression des variables significatives présentés dans la dernière colonne du Tableau A.A.6, du Tableau A.A.7 et du Tableau A.A.8, respectivement Annexe A). Dans la partie A, le civisme fiscal est mesuré à l'aide de la question : « Justifiez-vous de tricher concernant les impôts si vous pouvez le faire ? ? ».
Source : Calculs effectués par le Centre de développement de l'OCDE et le Centre de politique et d'administration fiscales à partir de l'enquête Afrobaromètre (2015).

En Afrique, l'amélioration des prestations de services publics semble être un déterminant du civisme fiscal. L'efficacité des services publics permet de démontrer la capacité des pouvoirs publics à transformer les impôts en dépenses bénéfiques, de manière à obtenir un double dividende, puisqu'à l'avantage inhérent au service fourni s'ajoutent les retombées positives liées à la satisfaction qui en découle. Les résultats obtenus pour l'Afrique (Graphique 1.5) laissent à penser que ce lien existe, la satisfaction à l'égard de la voirie, du système éducatif et du système de santé ayant un effet positif sur le civisme fiscal.

Les impôts affectés (réservés à un usage déterminé) visent à utiliser le lien existant entre prestations de services publics et civisme fiscal pour créer l'espace politique nécessaire aux réformes fiscales, mais ils peuvent se révéler problématiques. En établissant un lien entre des prélèvements et des dépenses consacrées à des services spécifiques, les impôts affectés sont parfois vus comme un moyen de bâtir le contrat fiscal, notamment lorsque la confiance dans les pouvoirs publics est particulièrement faible (Prichard, 2015[11]). Or, bien qu'ils puissent présenter des avantages à court terme, les impôts affectés soulèvent également divers problèmes, en particulier des difficultés inhérentes à la manière dont ils sont conçus (McCleary, McCleary et William, 1991[12]) [4] et liées aux répercussions qu'ils peuvent avoir à long terme – voir l'Encadré 1.1.

Encadré 1.1. Les impôts affectés au Ghana

Le Ghana a eu recours de manière répétée à des impôts affectés pour mobiliser des fonds dans plusieurs domaines clés. Trois des 14 structures à financement réservé dont est doté le pays sont :

- Le Fonds d'affectation spéciale pour l'éducation au Ghana (GETFund, *Ghana Education Trust Fund*) a été créé en 2000 pour financer l'enseignement, et il est aujourd'hui financé par une taxe sur la valeur ajoutée (TVA) additionnelle appliquée au taux uniforme de 2.5 %.
- Le régime national d'assurance maladie (NHIS, *National Health Insurance Scheme*) a été mis en place en 2005 pour étayer le système de santé, et il est aujourd'hui financé à la fois par une TVA additionnelle appliquée au taux uniforme de 2.5 % et par des cotisations prélevées au taux de 2.5 % destinées au Fonds d'affectation spéciale pour la sécurité sociale et l'assurance nationale (SSNIT, *Social Security and National Insurance Trust*).
- Le Fonds d'investissement dans les infrastructures du Ghana (GIIF, *Ghana Infrastructure Investment Fund*) a été créé en 2014 et est financé par une TVA prélevée au taux de 2.5 %.

Du fait de la croissance des impôts affectés au Ghana, et de leur produit, près de 40 % des recettes fiscales sont aujourd'hui attribués à des fonds d'affectation spéciale. Cela a réduit les marges de manœuvre budgétaires du gouvernement, si bien qu'une loi de réajustement et de plafonnement des fonds d'affectation spéciale (*Earmarked Funds Capping and Realignment Act*) a été adoptée en 2017 pour limiter à 25 % des rentrées d'impôts totales les recettes fiscales attribuées aux fonds d'affectation spéciale, le reste étant reversé au budget général. Bien que cela ait accru les marges de manœuvre budgétaires du gouvernement, cela a aussi sensiblement amoindri les ressources des fonds d'affectation spéciale, réduisant leur capacité de prestation de services. Certains craignent qu'il puisse en résulter une dégradation du civisme fiscal, si les prestations de services se réduisent alors que les taux des impôts affectés restent inchangés.

Source : Cassiel Forson, député au Parlement ghanéen.

Les approches fondées sur l'économie comportementale constituent une autre façon, plus souple, d'utiliser le lien entre prestations de services publics et civisme fiscal. Un certain nombre de pays ont eu recours à des méthodes d'« incitation douce » (*nudge*) dans le cadre de l'application des lois (voir l'Encadré 1.2). Fondées sur les principes de l'économie comportementale, ces méthodes consistent généralement à introduire de nouveaux messages dans les communications des autorités fiscales destinées aux contribuables. Au Rwanda, cette approche a notamment consisté à mettre l'accent sur les prestations de services. Dans le cadre d'une expérimentation fondée sur l'envoi de courriers aux contribuables menée par l'administration fiscale rwandaise, les lettres mettant en lumière les liens entre impôts et services publics ont été plus efficaces que celles qui avaient une visée dissuasive (Mascagni, Nell et Monkam, 2017[13]). Les travaux publiés sur ces exercices soulignent leurs avantages, mais aussi leurs limites ; ainsi, si les approches fondées sur l'économie comportementale ne s'accompagnent pas d'améliorations sensibles de la gouvernance et des services publics, leurs effets positifs peuvent se dissiper au fil du temps (Castro et Scartascini, 2015[14]) ; (Coleman, 2007[15]) ; (Cummings et al., 2009[16])). Certaines des réponses reçues dans le cadre de la consultation ont également mis en lumière le rôle des autres disciplines académiques par-delà l'économie et la psychologie appliquées à la discipline fiscale, notamment la science politique, l'anthropologie et la sociologie (OECD, 2019[7])

Encadré 1.2. L'économie comportementale appliquée à la discipline fiscale

L'équipe de spécialistes de l'économie comportementale (BIT, Behavioural Insights Team)[5], a appuyé l'exploitation des enseignements de cette discipline dans un certain nombre de pays, ainsi que l'illustrent les exemples suivants.

Royaume-Uni : Avec l'aide de la BIT, l'administration fiscale britannique a envoyé aux contribuables qui n'avaient pas payé leurs impôts en temps voulu des courriers mettant en avant des normes sociales, afin d'améliorer l'acquittement des impôts. À titre d'exemple, on trouvait dans ces lettres des formules telles que : « Neuf personnes sur dix ayant une dette telle que la vôtre, dans la zone où vous habitez, paient leurs impôts en temps voulu » ; « La grande majorité des habitants de la zone où vous habitez paient leurs impôts en temps voulu » ; et « La plupart des gens ayant une dette telle que la vôtre l'ont remboursée à l'heure qu'il est ». Cette dernière formule s'est traduite par une augmentation passant de 34 % à 39 % de la proportion acquittée des impôts dus par les destinataires des courriers où elle figurait.

Guatemala : En collaboration avec l'administration fiscale guatémaltèque, la BIT et la Banque mondiale ont réalisé un essai contrôlé randomisé au Guatemala. Cet essai a consisté à modifier des lettres de rappel adressées aux contribuables qui n'avaient pas fait leur déclaration d'impôt sur le revenu dans les délais impartis. Le courrier incluait ce qui suit : « D'après nos fichiers, 64.5 % des Guatémaltèques ont établi leur déclaration d'impôt sur le revenu en temps voulu pour l'année 2013. Vous faites partie de la minorité de Guatémaltèques qui n'ont pas encore fait cette déclaration d'impôt. » La proportion de destinataires de ce courrier ayant fait leur déclaration d'impôt a été supérieure de 5.5 points de pourcentage à celle des contribuables auxquels cette lettre n'avait pas été envoyée (The Behavioural Insights Team, 2014[14]). On estime que si cette lettre était envoyée à tous les contribuables, cela génèrerait 760 000 dollars US de recettes supplémentaires, ce qui représente 36 fois le coût de l'envoi des lettres (Kettle et al., 2016[19]).

Mexique : Les autorités mexicaines, avec le concours de la Banque interaméricaine de développement (BID) et de la BIT, se sont efforcées d'encourager les entreprises à déclarer leur chiffre d'affaires en leur adressant des rappels par SMS. Ces messages courts ont été envoyés à 748 499 entreprises contribuables qui n'avaient pas soumis leur déclaration en temps voulu. Le message de rappel le plus efficace, qui mettait en avant les amendes pouvant être infligées en cas de non-respect de la législation fiscale, a rehaussé le taux de déclaration, qui est passé de 24 % à 33 % (Kettle et al., à paraître).

Costa Rica : La BIT, en collaboration avec les autorités costariciennes, a envoyé des courriers électroniques à 12 515 entreprises pour les inciter à soumettre leurs déclarations d'impôt sur les sociétés au titre de l'année 2014. Sur la base d'un tirage au sort, trois groupes d'entreprises ont été constitués : le premier n'a reçu aucun courrier électronique, le second s'est vu adresser un courriel fondé sur les enseignements de l'économie comportementale (contenant un message à visée dissuasive), et le troisième a reçu le même courrier électronique contenant en sus des exemples de transactions réalisées par l'entreprise destinataire, soulignant que l'administration fiscale en avait connaissance. Les résultats montrent que pour les entreprises ayant reçu un courriel à visée comportementale, le taux de déclaration a augmenté pour passer de 11.5 % à 23.5 % dans le cas du message simple, et à 34.2 % dans le cas du courrier électronique mentionnant des transactions.

Il convient cependant de garder à l'esprit plusieurs enseignements concernant ces approches comportementales.

- L'efficacité des interventions de communication est maximale lorsque les contribuables ont peu d'autres sources d'information, de sorte que la communication est plus susceptible de modifier les convictions antérieures des contribuables.

- Il est important de cibler les interventions sur des sous-groupes de population, tels que les personnes caractérisées par un comportement antérieur spécifique, les contribuables les plus fortunés, etc.
- Les approches comportementales ne se conçoivent pas isolément des autres démarches, et doivent fonctionner en conjonction avec celles-ci, notamment avec les mécanismes d'application des lois et des politiques qui visent à rebâtir la confiance et la légitimité, accroissant de ce fait le civisme fiscal.
- Bien que les approches comportementales soient rentables à court terme, elles ne sauraient se substituer à un système d'imposition judicieusement conçu, mais elles peuvent contribuer efficacement à renforcer le civisme fiscal lorsque les paramètres fondamentaux du système sont en place

Source : OCDE et www.bi.team/blogs.

En général, les facteurs qui influent sur le civisme fiscal en Afrique sont les mêmes qu'à l'échelle mondiale. Il apparaît que l'attachement à la démocratie, la croyance religieuse, le niveau d'études et la confiance dans l'administration, dont il a été constaté qu'ils influaient sur le civisme fiscal à l'échelle mondiale, jouent également un rôle en Afrique, même si des différences sont observées. Parmi ces facteurs, « la confiance dans l'administration » est la principale constante, ce qui corrobore encore l'hypothèse selon laquelle il existe un lien entre civisme fiscal et fonctionnement de l'État.

Une des différences importantes avec les résultats de l'analyse réalisée à l'échelle mondiale réside dans le fait qu'en Afrique, le civisme fiscal semble être plus faible chez les femmes que chez les hommes. Les systèmes fiscaux peuvent avoir une incidence différente selon le sexe. Par exemple, de récentes recherches conduites au Nigéria ont établi l'existence de partis pris implicites en termes d'imposition, qui impactent les femmes de manière négative (Akpan et Sempere, 2019[17]) Cette différence résulte dans certains cas de dispositions du code des impôts s'appliquant explicitement aux femmes, mais elle est le plus souvent due à l'interaction entre le système fiscal et d'autres aspects du comportement économique, notamment des écarts en matière de taux d'activité, d'entrepreneuriat, de rémunération, de décisions relatives aux études, d'épargne, de patrimoine et de consommation. Lorsque les politiques fiscales ne tiennent pas compte des conséquences des rôles assignés aux hommes et aux femmes et des inégalités entre les sexes sur la manière dont les hommes et les femmes perçoivent, gèrent, épargnent et dépensent leur revenu et leur patrimoine, elles risquent d'enraciner les inégalités entre les sexes, ainsi que d'accroître la pauvreté féminine et/ou de peser sur le consentement des femmes à adhérer au contrat fiscal.

Il est nécessaire de mener des travaux complémentaires et de disposer de nouvelles données sur le genre et la fiscalité, en particulier en Afrique. Les conclusions de ce rapport relatives au civisme fiscal des femmes en Afrique soulignent la nécessité de consacrer des travaux de recherche au genre et à la fiscalité. Les études existant actuellement ne permettent en effet pas de cerner les causes spécifiques des différences de civisme fiscal entre hommes et femmes, ni les raisons pour lesquelles le civisme fiscal des femmes est plus faible en Afrique. Moore, Prichard et Fjeldstad (2018[9]) évoquent quelques explications possibles, en particulier les droits de place sur les marchés demandés aux petits commerçants, ainsi que l'existence de biais inhérents à l'administration de l'impôt, mais ne parviennent à aucune conclusion claire. Van Den Boogaard constate qu'en Sierra Leone, les ménages dont le chef est une femme paient moins d'impôts officiels mais plus d'impôts informels que ceux dirigés par un homme ; au total, la pression fiscale est cependant plus lourde pour les femmes que pour les hommes, en termes de fiscalité officielle comme de fiscalité informelle (Van Den Boogaard, 2018[18]). Un manque de données ventilées par sexe complique encore l'étude des inégalités entre hommes et femmes en matière d'impôt (et de politique budgétaire en général). Des travaux complémentaires devraient être consacrés à cette question, notamment aux aspects suivants : les différences de régime fiscal entre les secteurs à prédominance masculine et ceux à prédominance féminine, la prise en compte par le système fiscal des services à la personne non rémunérés, la manière dont le système fiscal traite les différentes structures familiales, les différences d'imposition entre milieu urbain et milieu rural et entre secteur informel et secteur formel. Les enquêtes sur le civisme fiscal pourraient elles-mêmes apporter une contribution intéressante à ces travaux, dans la mesure où d'importants écarts entre hommes et femmes en matière de civisme fiscal peuvent être révélateurs de préjugés sexistes inhérents au système fiscal.

1.3. Analyse régionale du civisme fiscal – Amérique latine

Le civisme fiscal semble diminuer en Amérique latine, alors qu'il y était relativement élevé. Le Graphique 1.6 ci-après présente l'évolution du civisme fiscal en Amérique latine. Il montre qu'il régresse depuis 2011, la part de la population de la région estimant injustifiable de se soustraire au paiement des impôts ayant reculé pour passer de 54 % en 2011 à 48 % en 2015[6]. Au cours de la même période, le pourcentage de personnes considérant qu'il peut être justifié de ne pas payer ses impôts est en revanche passé de 17 % à 27 % (Graphique 1.6, partie A). Cet affaiblissement du civisme fiscal est observé dans toutes les économies de la région prises en compte dans l'enquête Latinobarómetro, quoique à des degrés divers (Graphique 1.6, partie B).

Graphique 1.6. Le civisme fiscal en Amérique latine

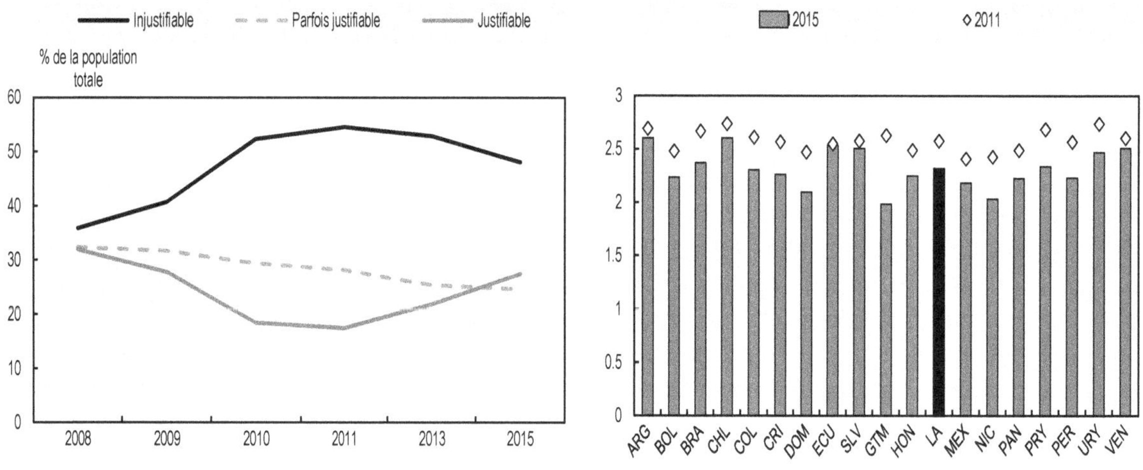

Note : Dans la partie A, le civisme fiscal est mesuré à l'aide de la question : « Justifiez-vous de de tricher concernant les impôts si ? », à laquelle les personnes étaient invitées à répondre sur une échelle allant de 1 (c'est totalement injustifiable) à 10 (c'est tout à fait justifiable). La courbe « injustifiable » correspond au pourcentage de personnes qui ont choisi la valeur 10 ; « parfois justifiable » correspond au pourcentage de personnes qui ont choisi une valeur comprise entre 9 et 6 ; « justifiable » correspond au pourcentage de personnes qui ont choisi une valeur comprise entre 1 et 5.
Dans la partie B, le civisme fiscal correspond à la moyenne de toutes les observations disponibles pour la question : « Dans quelle mesure estimez-vous qu'il peut être justifié de se soustraire au paiement des impôts ? », à laquelle les personnes étaient invitées à répondre sur une échelle allant de 1 (c'est tout à fait justifiable) à 10 (c'est totalement injustifiable), sachant que les résultats ont été normalisés de manière à être représentés sur une échelle de 1 à 3. La barre noire correspond à la moyenne régionale simple des données relatives à toutes les économies couvertes par l'enquête Latinobarómetro.
Sources : Calculs effectués par le Centre de développement de l'OCDE et le Centre de politique et d'administration fiscales à partir des enquêtes Latinobarómetro (2016) et Afrobaromètre (2015).

Le recul du civisme fiscal semble lié aux évolutions qu'a récemment connues l'économie en Amérique latine. La diminution du civisme fiscal observée en Amérique latine coïncide avec un ralentissement économique qui s'est lui aussi amorcé en 2011 et peut donc l'expliquer. D'après la publication de l'OCDE *Latin American Economic Outlook 2018*, ce ralentissement économique a mis fin à une période de progrès économique et social en Amérique latine, où la pauvreté avait fortement reculé et où avait émergé une classe moyenne aux exigences grandissantes. Les récentes inversions de tendance observées en matière de réduction de la pauvreté et d'inégalités se sont conjuguées à des évolutions mondiales, telles que les changements technologiques et le vieillissement démographique, et à un certain nombre de scandales de corruption ayant éclaté en Amérique latine. Ces facteurs ont alimenté un climat d'incertitude quant à la capacité des institutions publiques de satisfaire efficacement les besoins des citoyens dans cette région du monde (OCDE/CAF/UN CEPALC, 2018[2]).

Malgré le recul du civisme fiscal, il est possible de déceler divers facteurs qui influent sur lui positivement. Le Graphique 1.7 présente des facteurs dont l'influence sur le civisme fiscal des particuliers en Amérique latine a été mise en évidence. Il existe plusieurs similitudes entre les résultats de l'analyse régionale et ceux de l'analyse mondiale, à savoir que les individus plus âgés, ceux qui ont un niveau d'études plus élevé et ceux qui ont des convictions religieuses ont aussi un civisme fiscal plus élevé. Le moindre civisme fiscal observé parmi les personnes relativement jeunes souligne la nécessité d'adopter des stratégies différenciées. Ainsi, on pourrait envisager des programmes d'éducation des contribuables ciblant les cohortes nombreuses de jeunes contribuables latino-américains (ou de futurs contribuables), qui pourraient être intégrés dans le système scolaire (voir l'Encadré 1.3 par exemple) ; en 2017, 26 % de la population d'Amérique latine avaient entre 15 et 29 ans (ONU, 2017[19]). Par ailleurs, il est intéressant de noter que les personnes qui considèrent la démocratie comme le meilleur régime politique sont nettement plus susceptibles de juger que rien ne justifie de tricher concernant les impôts (Graphique 1.7 partie D), mais qu'elles sont aussi moins susceptibles d'être disposées à payer davantage d'impôts pour financer le développement de leur pays (Graphique 1.7, partie E). Cela attire l'attention sur le fait qu'un civisme fiscal élevé dans un domaine (estimer que rien ne justifie de tricher concernant les impôts) ne va pas automatiquement de pair avec un fort civisme fiscal dans un autre domaine (consentement à payer davantage d'impôts).

Graphique 1.7. Facteurs associés au civisme fiscal et à la fiscalité en Amérique latine, 2016

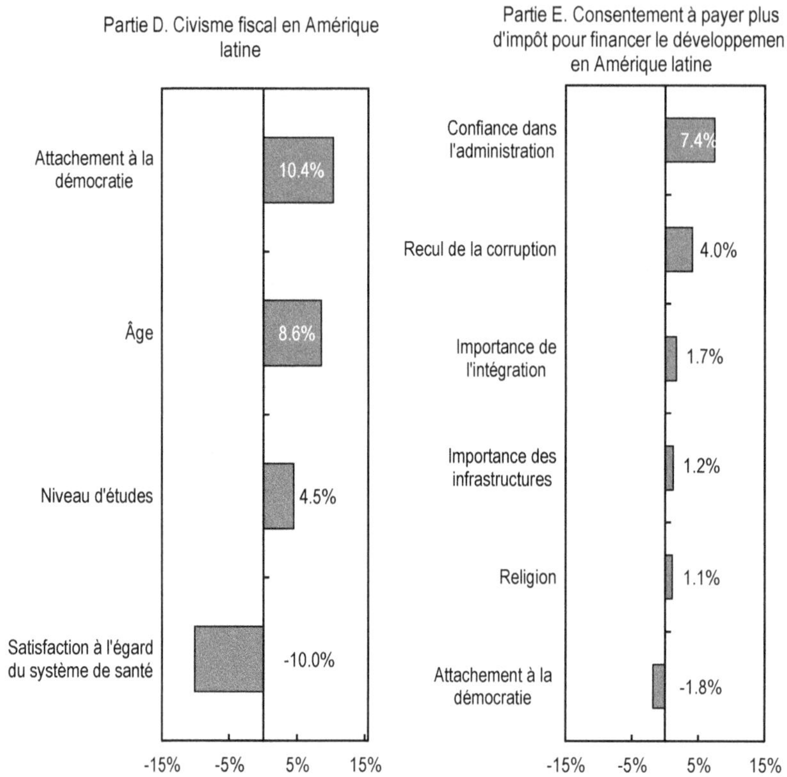

Note : Effets marginaux sur la probabilité de manifester un civisme fiscal élevé et un fort consentement à payer davantage d'impôts. Les résultats présentés dans les parties A et B reposent sur les coefficients de régression des variables significatives présentés dans la dernière colonne du Tableau A.A.4 et du Tableau A.A.5, respectivement (Annexe A). Dans la partie A, le civisme fiscal est mesuré à l'aide de la question : « Justifiez-vous de tricher concernant les impôts si vous pouvez le faire ? ». Dans la partie B, le consentement à payer davantage d'impôts est mesuré par la question : « Quelle hausse d'impôts êtes vous disposé à accepter pour financer des travaux d'infrastructure qui favorisent l'intégration mondiale de votre pays (ponts, autoroutes, aéroports, ports) ? ».
Source : Calculs effectués par le Centre de développement de l'OCDE et le Centre de politique et d'administration fiscales à partir de l'enquête Latinobarómetro (2016).

Encadré 1.3 Éduquer la prochaine génération : l'expérience EuroSocial

EuroSocial est un programme de coopération entre l'Amérique latine et l'Union européenne (UE) qui soutient des actions d'éducation des contribuables destinées à renforcer la cohésion sociale par le biais de son pôle d'assistance comptable et fiscale (NAF, Núcleo de Apoyo Contable y Fiscal).

Ce pôle forme des étudiants inscrits à l'université sur les avantages sociaux des impôts et sur des questions élémentaires liées aux impôts et aux douanes, les aidant à conseiller des entrepreneurs et des propriétaires de micro- et petites entreprises en matière fiscale. En 2017, le NAF a bénéficié à 571 universités de 10 pays d'Amérique latine, de sorte que 6 000 étudiants ont apporté leur soutien à plus de 80 000 contribuables.

Ce programme est bénéfique pour toutes les parties prenantes. Il permet aux étudiants de renforcer leur sens des responsabilités sociales, d'approfondir leurs connaissances générales en matière fiscale et de les appliquer en pratique. Quant aux administrations fiscales, elles bénéficient du fait que ce programme incite les comptables à adopter un comportement responsable, améliore le civisme fiscal (notamment en favorisant le respect spontané des obligations fiscales), et favorise de meilleures relations entre l'administration et les comptables et les citoyens. Le soutien apporté par les étudiants à la collectivité au niveau local permet aux contribuables ayant de faibles revenus de bénéficier d'une aide gratuite sur des questions élémentaires, tout en contribuant à la régularisation de la situation des petites entreprises et à leur mise en conformité avec la législation fiscale.

La réussite des programmes du NAF passe par un engagement commun de l'administration fiscale et du système éducatif. Cela permet de garantir que ces programmes reposent sur une approche pédagogique claire, et que les sujets fiscaux soient efficacement intégrés dans les enseignements dispensés. Pour être couronné de succès, un tel programme doit permettre à la fois d'appréhender le rôle et la fonction des impôts, ainsi que l'importance du contrat fiscal conclu entre l'État et les citoyens.

Source : EuroSocial.

Le lien entre civisme fiscal et services publics est moins clair en Amérique latine, l'analyse de données récentes ne confirmant pas toujours les résultats des études antérieures. Les travaux antérieurs exploitant les enquêtes Latinobarómetro de 2008-2009 mettent en évidence une corrélation positive entre le civisme fiscal et la satisfaction à l'égard des services d'éducation et de santé (Daude et Melguizo, 2010[20]). D'autres études ont également mis en évidence un lien positif entre civisme fiscal et services publics (Carrillo, Castro et Scartascini, 2018[21]). En revanche, l'analyse présentée ici aboutit à des résultats contrastés s'agissant du lien entre services publics et civisme fiscal : les personnes relativement satisfaites des services publics de santé se caractérisent en effet par un civisme fiscal plus faible, tandis qu'aucun lien n'est observé entre la satisfaction à l'égard du système éducatif et le civisme fiscal. Pour ce qui est du système de santé, ces résultats contradictoires s'expliquent peut-être par son mode de financement en Amérique latine. Beaucoup de pays se caractérisent en effet par un système mixte de financement des soins de santé, reposant à la fois sur les cotisations de sécurité sociale, la fiscalité générale et d'importants paiements directs des patients, si bien qu'une grande partie de la population d'Amérique latine doit assumer à titre individuel une part non négligeable de ses dépenses de santé, au lieu de voir ces dépenses financées par l'impôt (Izquierdo, Pessino et Vuletin, 2018[22]). Alors que le lien entre certains services et le civisme fiscal n'est pas clair, la confiance dans l'administration comme le degré de corruption perçue s'avèrent influer sur le civisme fiscal, ce qui souligne que le fonctionnement global de l'État paraît avoir une incidence sur le civisme fiscal en Amérique latine.

1.4. Analyse régionale du civisme fiscal – Asie

Les données disponibles sont plus limitées dans le cas de l'Asie, mais il est possible de cerner divers facteurs influant sur le civisme fiscal. L'enquête Asiabarometer n'a pas été actualisée depuis 2005-2007 et ne peut donc être utilisée pour effectuer un suivi du civisme fiscal dans le temps. Il est toutefois possible d'exploiter les données de l'enquête mondiale sur les valeurs (WVS, *World Values Survey*) relatives à l'Asie pour identifier les facteurs qui semblent déterminer le civisme fiscal, quoique à partir d'un nombre plus limité d'observations que celles offertes par les enquêtes régionales. Ces données montrent que les contribuables ayant une préférence pour les sociétés plus égalitaires et méritocratiques ont un civisme fiscal plus marqué (Graphique 1.8). Les personnes plus âgées, ayant un niveau d'études plus élevé et de sexe féminin se caractérisent également par un civisme fiscal plus fort – ce qui souligne une fois de plus les possibilités offertes par la mise en œuvre de programmes d'éducation des contribuables axés sur les citoyens les plus jeunes et les moins instruits. Compte tenu des limites des données tirées de l'enquête mondiale sur les valeurs, il n'est pas possible d'évaluer la force du contrat fiscal en Asie.

Graphique 1.8. Facteurs associés au civisme fiscal en Asie

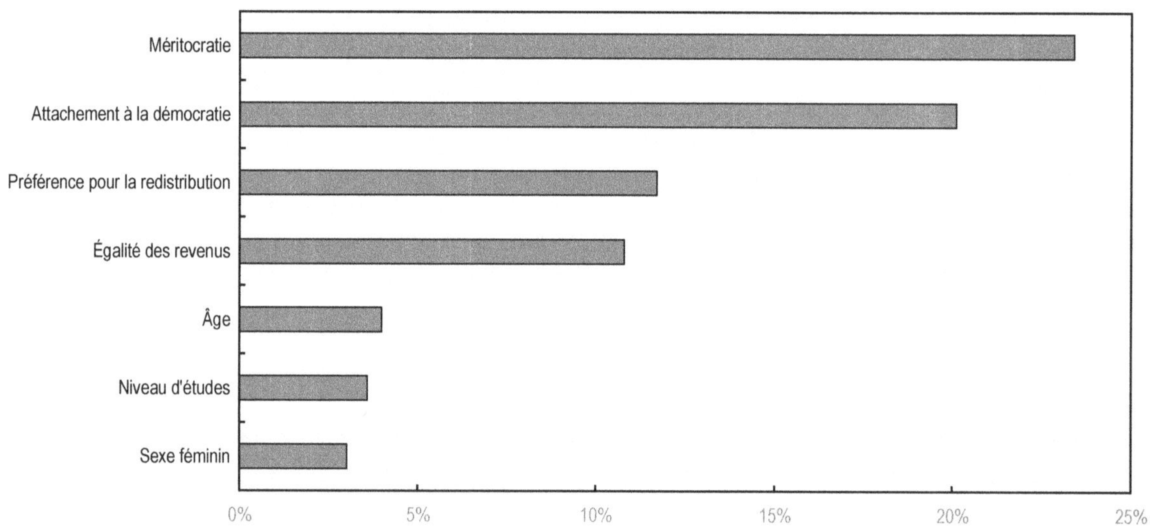

Note : Effet marginal sur la probabilité de faire état d'un civisme fiscal élevé. Les résultats reposent sur les coefficients de régression des variables significatives présentés dans le Tableau A.A.9 (Annexe A).
Source : Calculs effectués par le Centre de développement de l'OCDE et le Centre de politique et d'administration fiscales à partir de l'enquête mondiale sur les valeurs (WVS, World Values Survey) (2010-2014).

1.5. Conclusions et prochaines étapes

Les constatations présentées ici confirment l'existence d'un contrat fiscal, mais laissent à penser qu'il est plus ou moins fort selon les régions et les périodes. Les résultats positifs obtenus pour l'Afrique et l'Asie montrent clairement que l'existence du contrat fiscal influe sur le civisme fiscal, ce qui confirme les résultats d'études antérieures (Torgler, 2005[23]). Alors qu'il existe une corrélation forte entre civisme fiscal et services publics en Afrique, ce lien semble plus faible en Amérique latine (et plus ténu qu'il ne l'était par le passé), ce qui laisse à penser que la force du contrat fiscal varie d'une région à l'autre et dans le temps.

De nombreux outils et approches peuvent être mobilisés pour renforcer la confiance dans le contrat fiscal et vis-à-vis des pouvoirs publics en matière de fiscalité. Nombre d'entre eux consistent notamment à établir un lien plus explicite entre le côté recettes et le côté dépenses du cadre budgétaire : cela passe par une budgétisation transparente, et la possibilité pour les parlements, le pouvoir judiciaire, la société civile et les médias d'obliger les gouvernements à rendre des comptes concernant à la fois la lutte contre la corruption et la collecte des impôts pour une à utilisation efficace des recettes ainsi recouvrées. Bien qu'il s'agisse là de principes généraux de gouvernance bien connus, des progrès supplémentaires pourraient être réalisés dans certains domaines :

- **Les programmes d'éducation des contribuables peuvent être étayés par des données sur le civisme fiscal.** Les conclusions du présent rapport montrent que le civisme fiscal diffère d'un pan à l'autre de la société, ce qui met en évidence une diversité des besoins en matière d'éducation des contribuables. Ainsi, le civisme fiscal plus limité des jeunes laisse à penser que les programmes d'éducation des contribuables pourraient être intégrés dans les programmes scolaires. La publication *Édifier une culture fiscale, du civisme et de citoyenneté* (OCDE/FIIAPP, 2015[24]) parue en 2015 présente plusieurs initiatives mises en œuvre en matière d'éducation des contribuables, dont certaines (notamment au Kenya, en Malaisie et au Maroc) sont axées sur les enfants. D'autres (au Burundi, au Costa Rica et au Guatemala, par exemple) poursuivent simultanément plusieurs objectifs, puisqu'elles visent à améliorer la compréhension du contrat fiscal tout en renforçant la légitimité de l'administration fiscale et en facilitant le paiement des impôts. Et d'autres encore cherchent à distinguer et à récompenser les contribuables exemplaires (comme par exemple l'administration fiscale coréenne).
- **L'instauration d'impôts affectés ne doit se faire qu'après une étude minutieuse.** Ce type de prélèvements peut certes constituer un instrument utile pour créer l'espace politique nécessaire aux réformes fiscales à court terme, mais il soulève des problèmes à long terme. Les avantages et les inconvénients doivent être soigneusement analysés et pris en compte dans la conception et la durée des impôts affectés, s'il est décidé de les mettre en place. La dynamique qui sous-tend le civisme fiscal doit être intégrée dans la conception des impôts affectés, étant donné que les contribuables peuvent être plus disposés à payer davantage d'impôts pour certains services publics que pour d'autres.
- **Des profils de contribuables peuvent être établis**. En analysant les attitudes vis-à-vis de la fiscalité et la façon dont elle est perçue (y compris à partir de données d'enquête telles que celles présentées dans ce rapport), les administrations fiscales de tous les pays peuvent établir des profils précis de leurs contribuables. Ces profils permettraient de savoir quels groupes sont les plus réfractaires à l'impôt ou, au contraire, se laissent le plus facilement convaincre des bienfaits de la fiscalité. Ils faciliteraient aussi la mise au point d'approches visant à associer plus efficacement tous les contribuables au fonctionnement du système fiscal. Par exemple, une meilleure compréhension des déterminants du civisme fiscal pour les plus fortunés (comprenant des réponses à des programmes d'amnistie) et l'influence de ces déterminants sur les autres contribuables peuvent apporter des renseignements précieux.
- **Le développement des administrations fiscales peut être soutenu,** notamment pour faciliter le paiement des impôts. Des travaux importants sont déjà en cours dans ce domaine. Ainsi, le Fonds monétaire international (FMI) et le Groupe de la Banque mondiale ont plusieurs décennies d'expérience en matière d'assistance technique liée à l'administration de l'impôt, tandis que le Forum sur l'administration fiscale africaine (ATAF), de création plus récente, a été le moteur de la coopération panafricaine en matière de développement des administrations fiscales. Il est cependant possible d'aller plus loin. Ainsi, les 50 administrations fiscales membres du Forum de l'OCDE sur l'administration fiscale (FAF) sont dotées d'une solide expérience à partager dans ce domaine. Le développement du Réseau du FAF pour le renforcement des capacités multiplie les possibilités de faire bénéficier les pays en

développement de cette expérience. Un meilleur usage des technologies est probablement le principal moyen de faciliter le paiement des impôts (Bird et Zolt, 2008[10]) et de renforcer l'intégrité des administrations fiscales. Une partie importante du soutien offert aux pays en développement devrait donc consister à les aider à concevoir des technologies dans les administrations fiscales et à gérer leur utilisation. D'une manière plus générale, il se peut qu'il y ait d'autres applications technologiques permettant de faire progresser l'engagement citoyen quant à la manière dont les impôts sont à la fois collectés et dépensés, lesquelles pourraient influer sur le civisme fiscal.

- **La compréhension des facteurs qui influent sur la confiance envers l'administration peut être améliorée.** La confiance envers l'administration est un vaste concept, qui couvre la confiance dans le système politique, dans les lois, etc ; la corrélation entre la confiance envers l'administration et le civisme fiscal se doit donc d'être explorée plus avant et désagrégée. Des travaux sont menés dans le cadre du projet TrustLab[7] de l'OCDE, avec l'examen des composantes de la confiance (mais pas en lien avec le civisme fiscal) qui se sont traduits par des expériences comportementales réalisées dans les pays membres de l'OCDE. Les résultats obtenus montrent que les caractéristiques institutionnelles (compétences et valeurs, perception des prestations de services publics et intégrité) expliquent environ 40 % des écarts constatés en matière de confiance dans l'administration ; il existe cependant d'importantes disparités entre les pays (Murtin et al., 2018[25]). Élargir le champ des expériences réalisées dans le cadre de TrustLab aux pays en développement serait un moyen d'identifier les déterminants de la confiance dans les pays en développement, ce qui permettrait de formuler des politiques visant spécifiquement à renforcer la confiance.
- **Faire progresser les recherches et les données disponibles dans les pays en développement, plus spécialement sur la fiscalité et le genre.** Alors que de nombreuses recherches ont été menées sur le civisme fiscal au cours des 40 dernières années, il y en a eu relativement peu sur les pays en développement. Combler cette lacune va exiger plus de coopération et de partage des données entre les pays en développement et les chercheurs dans différentes disciplines (incluant l'économie, la psychologie, les sciences politiques, l'anthropologie et la sociologie). L'OCDE est bien positionnée pour faciliter ces interactions (et l'a déjà fait dans certains cas à l'issue de la conférence sur le civisme fiscal qui s'est tenue en janvier 2019[8]. Il est probable que les différents niveaux de civisme fiscal entre les hommes et les femmes soient un indicateur d'un problème plus profond de différence de traitement entre les hommes et les femmes dans ce domaine. La conférence mondiale de la Plateforme de collaboration sur les questions fiscales - Fiscalité et les Objectifs de développement durable de 2018 a mis en lumière la nécessité d'aborder les préjugés sexistes à la fois implicites et explicites en matière de fiscalité, en réitérant le fait que les données ventilées par sexe constituent un point de départ essentiel pour la poursuite des travaux (Platform for Collaboration on Tax, 2018[26]).

Une réflexion générale sur le fait qu'une analyse approfondie au niveau du pays (ou au niveau régional) est un prérequis essentiel pour informer des changements politiques. Ainsi qu'il est souligné dans l'approche de la Banque mondiale (voir schéma 1), le civisme fiscal se situe au cœur de relations complexes entre mise en application, médiation et confiance, des facteurs qui influent sur la discipline fiscale ; les pays (ou les collectivités territoriales) doivent donc adopter une approche holistique permettant de cerner le contexte dans lequel s'inscrit le civisme fiscal au niveau local. Des études approfondies au niveau des pays peuvent constituer une partie de ce processus, en permettant de cerner les facteurs de civisme fiscal au niveau local et le cas échéant, au niveau régional. Ces enquêtes nationales pourraient aussi porter sur la nature des impôts dont les particuliers s'acquittent effectivement (et sur la proportion dans laquelle ils les paient), et permettraient ainsi de mieux appréhender la façon dont les différents types d'impôts et autres paiements (y compris ceux destinés à des acteurs non étatiques) sont perçus par la population des pays en développement. Par ailleurs, dans certains pays (dont le Rwanda et plusieurs pays d'Amérique latine), des essais contrôlés randomisés (Castro and Scartascini, 2013[33] ; Kettle et al., 2016[19]; Mascagni et al., 2016[32]) ont été utilisés pour mesurer les effets de différentes méthodes d'application de la législation fiscale. Les résultats prometteurs qui ont été obtenus laissent à penser que d'autres pays pourraient tirer parti de telles études.

Références

Akpan, I. et K. Sempere (2019), « Hidden Inequalities: Tax Challenges of Market Women in Enugu and Kaduna States, Nigeria », https://opendocs.ids.ac.uk/opendocs/handle/123456789/14500 (consulté le 2 juillet 2019). [17]

Ali, M., O. Fjeldstad et I. Sjursen (2014), « To Pay or Not to Pay? Citizens' Attitudes Toward Taxation in Kenya, Tanzania, Uganda, and South Africa », *World Development*, vol. 64, pp. 828-842, https://doi.org/10.1016/J.WORLDDEV.2014.07.006. [1]

Bird, R. et E. Zolt (2008), « Technology and Taxation in Developing Countries: From Hand to Mouse », *Law-Econ Research Paper, No. 08-07*, https://doi.org/10.2139/ssrn.1086853. [10]

Carrillo, P., E. Castro et C. Scartascini (2018), « Do Rewards Work?: Evidence from the Randomization of Public Works », *SSRN*, https://doi.org/10.2139/ssrn.3103797. [21]

Castro, L. et C. Scartascini (2015), « Tax Compliance and Enforcement in the Pampas: Evidence from a Field Experiment », *Journal of Economic Behavior & Organization*, vol. 116, pp. 65-82, https://www.sciencedirect.com/science/article/pii/S0167268115001067. [14]

Coleman, S. (2007), « The Minnesota Income Tax Compliance Experiment: Replication of the Social Norms Experiment », *SSRN Electronic Journal*, https://doi.org/10.2139/ssrn.1393292. [15]

Cummings, R. et al. (2009), « Tax morale affects tax compliance: Evidence from surveys and an artefactual field experiment », *Journal of Economic Behavior & Organization*, vol. 70/3, pp. 447-457, https://doi.org/10.1016/J.JEBO.2008.02.010. [16]

Cummings, R. et al. (2009), « Tax morale affects tax compliance: Evidence from surveys and an artefactual field experiment », *Journal of Economic Behavior & Organization*, vol. 70/3, pp. 447-457, https://doi.org/10.1016/j.jebo.2008.02.010. [2]

Daude, C. et Á. Melguizo (2010), « Taxation and More Representation?: On Fiscal Policy, Social Mobility and Democracy in Latin America », *Documents de travail du Centre de développement de l'OCDE*, n° 294, OCDE, https://doi.org/10.1787/5km5zrrs9bbt-en. [20]

Izquierdo, A., C. Pessino et G. Vuletin (2018), *Better Spending for Better Lives: How Latin America and the Caribbean Can Do More with Less*, BID, https://webimages.iadb.org/publications/english/document/Better-Spending-for-Better-Lives-How-Latin-America-and-the-Caribbean-Can-Do-More-with-Less.pdf. [22]

Mascagni, G., C. Nell et N. Monkam (2017), « One Size Does Not Fit All: A Field Experiment on the Drivers of Tax Compliance and Delivery Methods in Rwanda », *SSRN Electronic Journal*, n° 48, ICTD, https://doi.org/10.2139/ssrn.3120363. [13]

McCleary, W., McCleary et William (1991), « The Earmarking of Government Revenue: A Review of Some World Bank Experience », *World Bank Research Observer*, vol. 6/1, pp. 81-104, https://econpapers.repec.org/article/oupwbrobs/v_3a6_3ay_3a1991_3ai_3a1_3ap_3a81-104.htm (consulté le 13 décembre 2018). [12]

Moore, M., W. Prichard et O. Fjeldstad (2018), *Taxing Africa: Coercion, Reform and Development*, Zed Books. [9]

Murtin, F. et al. (2018), « Trust and its determinants: Evidence from the Trustlab experiment », *OECD Statistics Working Papers*, n° 2018/2, Éditions OCDE, Paris, https://doi.org/10.1787/869ef2ec-en. [25]

OCDE (2017), *Behavioural Insights and Public Policy: Lessons from Around the World*, Éditions OCDE, Paris, https://doi.org/10.1787/9789264270480-en. [3]

OCDE (2013), *What drives tax morale?*, http://www.oecd.org/ctp/tax-global/what-drives-tax-morale.pdf. [4]

OCDE/ SAD/CEPALC (2018), *Latin American Economic Outlook 2018: Rethinking Institutions for Development*, Éditions OCDE, Paris, https://doi.org/10.1787/leo-2018-en. [5]

OCDE/ATAF/CUA (2018), *Statistiques des recettes publiques en Afrique 2018*, Éditions OCDE, Paris, https://doi.org/10.1787/9789264305885-en-fr. [8]

OCDE/FIIAPP (2015), *Édifier une culture fiscale, du civisme et de citoyenneté: Un document de référence global de l'éducation des contribuables*, Éditions OCDE, Paris, https://www.oecd-ilibrary.org/taxation/edifier-une-culture-fiscale-du-civisme-et-de-citoyennete_9789264230163-fr. [24]

OECD (2019), *OECD Secretary-General Report to the G20 Finance Ministers and Central Bank Governors*, https://www.oecd.org/tax/oecd-secretary-general-tax-report-g20-finance-ministers-june-2019.pdf (consulté le 16 July 2019). [6]

OECD (2019), *Public comments on the discussion draft on « What is driving tax morale? »*, https://www.oecd.org/tax/tax-global/compilation-public-comments-what-is-driving-tax-morale.pdf (consulté le 12 July 2019). [7]

ONU (2017), *World Population Prospects 2017*, https://population.un.org/wpp/ (consulté le 8 janvier 2019). [19]

Platform for Collaboration on Tax (2018), *Taxation and SDGs*, https://www.oecd.org/tax/tax-global/first-global-conference-of-the-platform-for-collaboration-on-tax-february-2018.pdf (consulté le 18 juillet 2019). [26]

Prichard, W. (2015), *Taxation, Responsiveness and Accountability in Sub-Saharan Africa*, Cambridge University Press, Cambridge, http://www.cambridge.org. [11]

Torgler, B. (2005), « Tax morale and direct democracy », *European Journal of Political Economy*, vol. 21/2, pp. 525-531, https://doi.org/10.1016/j.ejpoleco.2004.08.002. [23]

Van Den Boogaard, V. (2018), « Gender and the Formal and Informal Systems of Local Public Finance in Sierra Leone », *document de travail de l'ICTD*, n° 87, Institute of Development Studies, https://opendocs.ids.ac.uk/opendocs/bitstream/handle/123456789/14127/ICTD_WP87.pdf?sequence=1&isAllowed=y (consulté le 5 décembre 2018). [18]

Notes

[1] À partir de la réponse à la question : « Justifiez-vous de tricher concernant les impôts si vous en avez la possibilité ? ». Pour de plus amples informations, voir l'Annexe A.

[2] Hors Chili et Mexique, qui sont inclus dans la région Amérique latine.

[3] Les « petits impôts » couvrent un éventail d'impôts, répartis en trois grandes catégories : les impôts et redevances formels au niveau infranational, les impôts et paiements formels sur les petites et micro-entreprises, les impôts informels - comprenant à la fois les impôts formels illicites et les recettes perçues par des agents et organisations non étatiques - et les impôts informels.

[4] L'affectation des impôts peut avoir un effet négatif sur la flexibilité budgétaire (McCleary, McCleary et William, 1991[12]).

[5] L'équipe de spécialistes de l'économie comportementale (Behavioural Insights Team), qui a vu le jour au sein du gouvernement britannique et qui est aujourd'hui une entreprise internationale, s'efforce de générer et d'appliquer des connaissances comportementales afin d'éclairer les politiques et d'améliorer les services publics – www.bi.team.

[6] Les résultats diffèrent de la section 1.1 car ils proviennent de sources de données différentes (WVS), de différentes périodes d'analyse et couvrent différentes questions (voir tableau A.2).

[7] Voir www.oecd.org/fr/sdd/trustlab.htm.

[8] Le Groupe d'action sur la fiscalité et le développement a organisé cette conférence sur le rôle du civisme fiscal dans le développement afin de discuter des premières constatations de ce rapport. Cette manifestation a réuni plus de 125 délégués, y compris des représentants gouvernementaux, des universitaires et des chercheurs, des organisations fiscales régionales, des entreprises et des représentants de la société civile, dans un contexte multi-partite permettant de partager des expériences et des réflexions sur le civisme fiscal. Pour de plus amples informations : http://www.oecd.org/tax/role-of-tax-morale-in-development-conference-january-2019.htm.

2 Le civisme fiscal des entreprises

Ce chapitre est axé sur le civisme fiscal des entreprises, domaine dans lequel les travaux sont limités, particulièrement en ce qui concerne les pays en développement. Ce chapitre utilise de nouvelles données sur la sécurité fiscale en matière juridique comme indicateur de civisme fiscal afin d'identifier certains facteurs susceptibles d'influencer les entreprises multinationales et les réponses politiques envisageables. De plus, compte tenu des limites de la sécurité fiscale en matière juridique en tant qu'indicateur, d'autres possibilités de recherche sont identifiées, notamment l'évaluation du rôle des principes fiscaux et commerciaux facultatifs sur le civisme fiscal des entreprises multinationales.

Ces dernières années, la question de la fiscalité des entreprises a suscité un vif intérêt. Cet intérêt a principalement porté sur les pratiques (souvent complexes) des entreprises multinationales et sur les règles internationales qui s'y appliquent – en particulier les questions liées au BEPS [1] – ainsi que sur la nature de la concurrence fiscale entre les États, considérée comme la cause d'une diminution des taux des impôts sur les sociétés à l'échelle mondiale. Le civisme fiscal n'a donc eu qu'une place relativement limitée dans le débat, et a souvent été uniquement considéré sous l'angle de son lien avec les taux d'imposition.

Plus récemment, l'intérêt porté par le Groupe des Vingt (G20) à la sécurité juridique en matière fiscale a permis d'élargir ce débat focalisé sur la fiscalité des entreprises. Les mesures destinées à renforcer la sécurité fiscale en matière juridique ont pour but de rendre l'environnement fiscal plus prévisible, afin de favoriser l'investissement. De ce point de vue, il existe un lien étroit entre l'action visant à renforcer la sécurité juridique en matière fiscale et celle relative au civisme fiscal. L'une et l'autre portent en effet sur les facteurs qui déterminent la disposition des entreprises à participer spontanément au fonctionnement du système fiscal.

Ce chapitre tente, à partir de données nouvelles, de combler les lacunes des travaux sur le civisme fiscal des entreprises. Il existe actuellement relativement peu d'analyses et de données sur cette question (voir les sections 2.1 et 2.2 ci-après pour un état des lieux des travaux existants). Une enquête sur la sécurité fiscale récemment réalisée par l'OCDE auprès d'entreprises multinationales (OCDE/FMI, 2018[1]) fournit des indications indirectes offrant un bon point de départ pour ouvrir le débat sur le civisme fiscal des entreprises dans les pays en développement. En d'autres termes, lorsque les multinationales ressentent un niveau moindre de sécurité juridique en matière fiscale, ils sont moins disposés à participer activement ou positivement au système fiscal (tout du moins pour les secteurs les plus incertains). La sécurité juridique en matière fiscale n'étant qu'un indicateur du civisme fiscal, elle présente des limites, de ce fait si les conclusions tirées de l'analyse semblent indiquer des implications politiques, alors d'autres recherches sont nécessaires.

Il apparaît que plusieurs possibilités de renforcer le civisme fiscal des entreprises, et d'améliorer ainsi le climat de l'investissement, s'offrent aux gouvernements des pays en développement. Elles portent sur le volet technique de la fiscalité (les mécanismes de remboursement de la TVA, par exemple), mais aussi sur l'aspect relationnel (les relations entre les contribuables et les autorités fiscales, par exemple). Bon nombre des facteurs identifiés n'ont rien de surprenant, mais l'observation des différences de priorités d'une région à l'autre montre bien que la faiblesse du civisme fiscal peut avoir des causes très diverses, ce qui souligne encore la nécessité d'approches adaptées aux spécificités nationales ou régionales.

2.1. Pourquoi le civisme fiscal des entreprises est-il important ?

Les retombées du faible civisme fiscal des entreprises ne se limitent pas uniquement à ses effets négatifs sur les recettes fiscales, puisqu'il a aussi des répercussions sur la nature et le niveau des investissements, entre autres effets d'entraînement. Ainsi, un faible civisme fiscal des entreprises peut, comme dans le cas des particuliers, être à l'origine d'un comportement d'évasion fiscale, mais risque aussi de contraindre des entreprises à quitter le marché. Comme les entreprises agissent aussi comme agents chargés de la retenue, (comme par exemple pour la TVA et les impôts sur le revenu des employés), il se peut de ce fait qu'un faible niveau de civisme fiscal affecte leur consentement à retenir et verser les impôts aux pouvoirs publics, en plus de leurs propres taxes. Les mécanismes à l'œuvre ne sont pas les mêmes selon que l'entreprise est une petite ou moyenne entreprise (PME) ou une multinationale.

Les petites entreprises sont susceptibles de ne pas déclarer une partie de leurs chiffre d'affaires, de réduire leurs investissements ou de basculer dans le secteur informel. Des travaux fondés sur les données de l'enquête de la Banque mondiale auprès des entreprises montrent que l'ampleur de l'activité informelle varie grandement d'une région à l'autre (Graphique 2.1)[2]. Le pourcentage d'entreprises déclarant subir la concurrence déloyale d'entreprises du secteur informel est supérieur à 60 % dans la région Amérique latine et Caraïbes et en Afrique subsaharienne, tandis qu'il est inférieur à 40 % en Europe et en Asie centrale. L'activité informelle n'a pas seulement des effets sur la collecte de l'impôt : les entreprises informelles sont souvent moins productives, créent moins d'emplois de qualité et offrent des avantages accessoires au salaire (accès à la protection sociale, par exemple) plus limités. Si le manque de civisme fiscal n'est pas l'unique raison qui conduit les petites entreprises à exercer une activité informelle, la mesure et la compréhension du civisme fiscal des PME figurent au nombre des voies à explorer pour réduire l'ampleur de l'activité informelle, parallèlement à d'autres méthodes telles que l'allègement des formalités administratives et des coûts de régularisation des activités (voir l'Encadré 2.1).

Graphique 2.1. Pourcentage d'entreprises en concurrence avec des entreprises non déclarées ou informelles

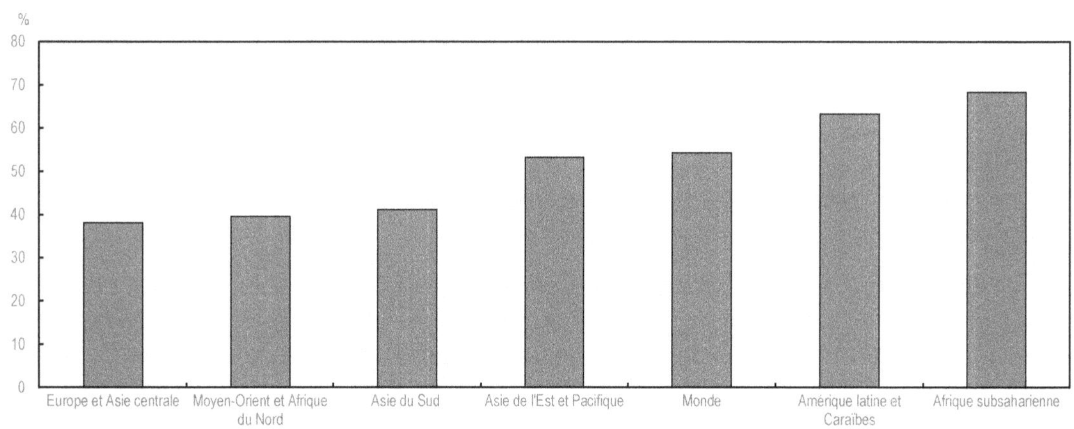

Source : Enquêtes auprès des entreprises (http://www.enterprisesurveys.org/data/exploretopics/informality), Banque mondiale.

Il est possible que les entreprises multinationales cherchent à obtenir des avantages pour compenser leur manque de confiance à l'égard de certains pans du système fiscal. Comme elles disposent de plus de pouvoir politique et économique, les multinationales font appel à d'autres stratégies (à des degrés variables de légitimité) pour réduire leurs impôts, notamment la possibilité d'obtenir des exonérations fiscales. Par exemple, selon certains auteurs, la méfiance à l'égard des systèmes de TVA africains conduirait les multinationales à exiger des avantages fiscaux (Moore, Prichard et Fjeldstad, 2018, p. 128[2]). Dans les cas extrêmes, les multinationales peuvent même décider de quitter le marché (ou de ne pas y entrer) ou modifier leurs choix d'investissement. Plusieurs enquêtes ont néanmoins montré que la fiscalité ne faisait généralement pas partie des principaux déterminants des décisions d'investissement (Groupe de la Banque mondiale, 2018[3] ; Plateforme de collaboration sur les questions fiscales, 2015[4] ; James, 2009[5] ; Hornberger et Kusek, 2011[6]).

Encadré 2.1. Faire reculer l'activité informelle et renforcer le civisme fiscal : l'expérience CabDost

CabDost est une entreprise de technologie à vocation sociale, qui travaille avec des chauffeurs de taxi en Inde (principalement à Bangalore et Hyderabad). Elle vise à favoriser l'inclusion sociale en aidant ces chauffeurs à faire leur déclaration d'impôt et en facilitant la régularisation de leurs activités, afin de leur permettre d'améliorer leur planification financière.

Grâce à plusieurs campagnes innovantes et gratuites d'aide à l'établissement des déclarations d'impôt, CabDost a travaillé avec plus de 9 000 chauffeurs de taxi, en les sensibilisant à l'importance des déclarations fiscales, ce qui s'est traduit par la soumission de quelque 14 000 déclarations à l'administration des impôts.

La réussite de CabDost repose sur la conjonction d'approches diverses :

- Une association avec Radio City 91.1, qui lui a permis de réaliser une communication ciblée.
- La mise en place de services d'assistance dans les locaux des entreprises OLA et Uber, qui offrent des applications de réservation de taxis.
- L'organisation d'une opération sans précédent en faveur de l'inclusion sociale à l'aéroport international Kempegowda de Bangalore et à l'aéroport international Rajiv Gandhi d'Hyderabad, en Inde.
- Une collaboration avec des constructeurs automobiles destinée à soutenir les campagnes menées grâce à l'intégration de marques.
- Le lancement d'un produit technologique novateur, permettant aux chauffeurs de s'enregistrer sur une plateforme multilingue (en lieu et place d'un système utilisant l'anglais comme langue par défaut).

Il est important de noter que CabDost a présenté ses travaux comme un programme d'éducation financière au sens large, et non comme une initiative à caractère strictement fiscal. Cela a permis à l'entreprise d'évoquer aussi bien les avantages de la régularisation des activités que les obligations fiscales. CabDost cherche aujourd'hui à élargir la portée de son action et à réduire la crainte inspirée par la fiscalité dans d'autres secteurs.

Source : Yamuna Sastry et Muhammed Shafeeque (fondateurs de CabDost).

2.2. Travaux existants

Les travaux sur le civisme fiscal des entreprises sont relativement limités, en particulier pour ce qui est des pays en développement. Le Tableau 2.1offre une synthèse des principales conclusions des études ayant été réalisées sur la question. Ces conclusions portent notamment sur les différences entre grandes et petites entreprises, ainsi qu'entre entreprises nationales et étrangères. D'autres ont trait au rôle de l'administration de l'impôt, à la légitimité de l'État et même au rôle de la religion et du patriotisme (Yucedogru, 2013[7]).

Il existe à la fois des similitudes et des différences entre le civisme fiscal des entreprises et celui des particuliers. Les décisions prises dans les entreprises l'étant par des individus, certains des facteurs qui influent sur ces individus peuvent rejaillir sur les entreprises, en particulier dans le cas des petites entreprises. Parmi ces facteurs figurent la corruption ainsi que les valeurs et normes culturelles (Joulfaian, 2009[8] ; Alm et McClellan, 2012[9]). Les facteurs qui résultent du comportement de l'entreprise en tant qu'organisation peuvent également jouer un rôle. Il s'agit notamment des préférences en matière de risque, des approches choisies par les conseillers fiscaux de l'entreprise, de la réputation du conseil d'administration, de la structure et de la taille de l'entreprise, des coûts induits par le respect de la réglementation et de la complexité des impôts. (Yucedogru, 2013[7] ; Lanis et al., 2018[10]). Il existe peu de travaux sur l'incidence de ces différents facteurs, mais progressivement on en trouve davantage ; USAID vient d'entreprendre une étude qui vise à examiner l'influence qu'ont les conseillers fiscaux dans les entreprises serbes (OECD, 2019[11])[3], tandis que l'OCDE se penche sur les perceptions qu'ont les fonctionnaires des impôts du rôle des Big Four (KPMG, EY, Deloitte et PwC – les quatre plus grands groupes d'audit financier dans le monde).

Tableau 2.1. Synthèse des études consacrées au civisme fiscal des entreprises

	Année	Conclusions	Méthodes
Alm et McClellan	2012	Les entreprises nationales se livrent plus à l'évasion fiscale et déclarent moins que les entreprises étrangères et les entreprises publiques. Les pouvoirs publics doivent s'employer à : • réduire la corruption • améliorer les services aux contribuables • simplifier les modalités de paiement des impôts.	Analyse de régression. Ensemble de données se rapportant à 34 pays et à plus de 8 000 entreprises.
Everest-Phillips et Sandall	2009	Facteurs inhérents à tout système fiscal : • la légitimité de l'État • le consentement des contribuables à payer • l'efficacité de l'administration de l'impôt.	Note d'orientation.
Joulfaian	2009	- L'indiscipline fiscale des entreprises augmente parallèlement à la fréquence des versements de pots-de-vin liés aux impôts. - Les entreprises étrangères dissimulent une part plus faible de leurs activités que les entreprises nationales.	Analyse de régression multivariée. Ensemble de données se rapportant à 26 économies en transition.
Mickiewicz et. al	2017	Un civisme fiscal plus élevé des entreprises est associé à : • la légitimité des autorités fiscales et de l'État • un sentiment d'appartenance à la nation • la perception du risque de sanctions et de leur sévérité.	Analyse de régression. Données issues d'une enquête sur les propriétaires/dirigeants d'entreprise en Lettonie.
OCDE	2004	- Les grandes entreprises disposent peut-être d'un pouvoir politique suffisant pour obtenir un régime d'imposition favorable et sont en mesure de mettre en œuvre des stratégies fiscales très élaborées. - Les PME choisissent parfois de passer dans (le restle secteur informel ou de se soustraire à l'impôt.	Note d'orientation sur le risque d'indiscipline fiscale.
Yucedogru	2013	- La perception de l'administration et les convictions religieuses ont une incidence sur le civisme fiscal. - Le patriotisme et la complexité des impôts n'ont pas d'influence réelle sur le civisme fiscal des PME.	Données qualitatives se rapportant à 20 PME implantées en Turquie.

Au regard de ces différences, il se pourrait que la définition du civisme fiscal doive être interprétée différemment en fonction des entreprises plutôt que des particuliers. Ainsi qu'il est indiqué dans plusieurs des réponses de la consultation, notamment concernant les grandes entreprises, le civisme fiscal dans les entreprises représente autre chose que la motivation intrinsèque du particulier de payer des impôts. Tandis que les motivations des particuliers au sein d'une entreprise (ou en tant que cabinet conseil) peuvent jouer un rôle, la structure et les processus de l'entreprise vont continuer de modeler son approche en matière fiscale (Mulligan, 2016[12]). Plusieurs réponses à la consultation ont indiqué qu'une nouvelle nomenclature pourrait être bénéfique au civisme fiscal des entreprises, peut-être en se concentrant sur une discipline responsable, pour faire apparaître plus clairement les différences avec les particuliers (OECD, 2019[11]). S'il est vrai qu'une nouvelle définition pourrait avoir une utilité sur le long terme, le présent apport continuera de faire référence au civisme fiscal des entreprises pour s'aligner sur les recherches existantes.

Comme dans le cas des particuliers, les estimations du civisme fiscal des entreprises varient d'une région et d'un pays à l'autre, et c'est dans les pays émergents qu'elles sont les plus faibles. Il n'existe pas de méthode simple pour mesurer le civisme fiscal, si bien qu'il faut généralement recourir à des indicateurs indirects. Une des méthodes couramment employées consiste à utiliser la proportion du chiffre d'affaires dissimulée aux autorités fiscales[4] (voir Alm et McClelland (2012[9]) et Joulfaian (2009[8])). D'après cette mesure, c'est dans les économies membres de l'OCDE que le civisme fiscal est le plus élevé en moyenne, moins de 46 % des entreprises du secteur formel (qui emploient cinq salariés ou plus) ne déclarant pas l'intégralité de leur chiffre d'affaires à l'administration fiscale. Ce pourcentage est plus élevé dans les régions émergentes, en particulier en Afrique et dans la région Amérique latine et Caraïbes (ALC), où près de 60 % des entreprises ne déclarent pas la totalité de leur chiffre d'affaires pour réduire le montant de leurs impôts (Graphique 2.2). Cette méthode présente toutefois une limite importante liée au fait que ce pourcentage est un indicateur indirect du civisme fiscal ; or, d'autres éléments, notamment la rigueur avec laquelle est appliquée la loi, influent probablement sur les résultats.

Graphique 2.2. Entreprises ne déclarant pas l'intégralité de leur chiffre d'affaires à l'administration fiscale (en % des entreprises)

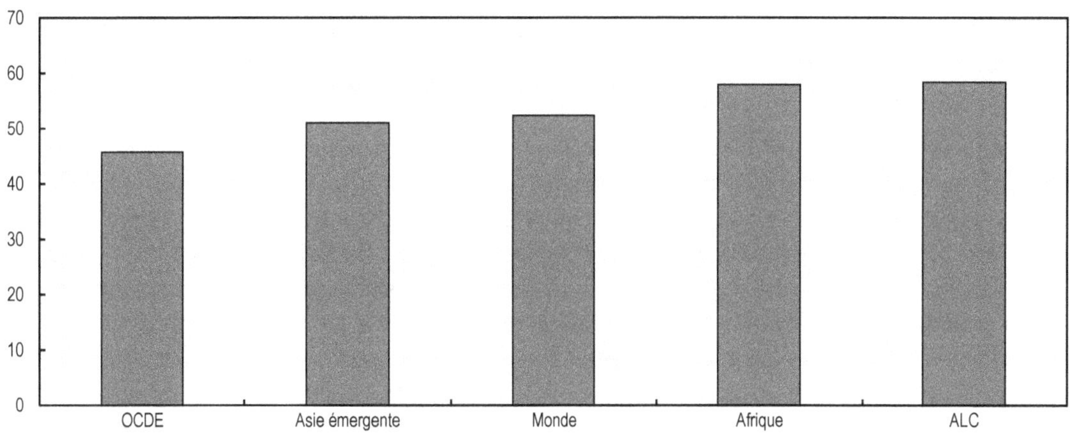

Note : Dernière année connue ; les données disponibles se rapportent à la période 2002-10.
Source : Enquêtes auprès des entreprises (http://www.enterprisesurveys.org), Banque mondiale.

Le manque de données demeure le principal obstacle à la réalisation d'analyses plus approfondies du civisme fiscal des entreprises. Dans ce domaine, il n'existe pas d'ensembles de données similaires à ceux utilisés pour mesurer le civisme fiscal des particuliers. Les rares études empiriques consacrées au civisme fiscal des entreprises reposent sur les données de l'enquête sur l'environnement et les performances des entreprises (BEEPS, *Business Environment and Enterprise Performance Survey*) réalisée par la BERD et la Banque mondiale, dont une question portait sur le pourcentage de son chiffre d'affaires total qu'une entreprise déclarait à l'administration fiscale. Toutefois, depuis 2014, cette question ne figure plus dans l'enquête, ce qui limite la possibilité de continuer à analyser le civisme fiscal des entreprises à l'aide de cette méthode. La suite du chapitre approfondit l'étude du civisme fiscal des entreprises à partir d'une nouvelle source de données. Elle se concentre sur les multinationales, particulièrement importantes dans les pays en développement où elles assurent une part significative de la base d'imposition, la plus grande part dans certains pays (par exemple le Rwanda indique que 70% de sa base d'imposition proviennent des multinationales (ATAF, 2016[13])

2.3. Civisme fiscal des entreprises multinationales – les enseignements d'une enquête sur la sécurité juridique en matière fiscale

Compte tenu des limites actuelles des données disponibles, la sécurité juridique en matière fiscale peut constituer un indicateur indirect utile pour mesurer le civisme fiscal des entreprises multinationales. Comme cela a été souligné dans la section 2.2, divers facteurs peuvent influer sur le civisme fiscal des entreprises. La sécurité juridique en matière fiscale fait partie de ceux qui n'ont pas été examinés de manière significative précédemment, mais qui semblent prometteurs, dans la mesure où elle contribue sans doute au civisme fiscal des entreprises multinationales (OECD, 2019[11])[5]. Il va de soi que la sécurité juridique en matière fiscale influe sur la facilité d'acquitter les impôts et les relations avec l'administration fiscale – deux dimensions qui se sont avérées, dans le cas de l'Afrique, avoir un effet sensible sur le civisme fiscal des particuliers. En outre, la sécurité juridique en matière fiscale influe sans doute sur divers éléments déterminants pour le positionnement d'une entreprise vis-à-vis du système d'imposition d'un pays donné, notamment ses choix en matière d'investissement, son approche en matière d'avantages fiscaux et sa stratégie de planification fiscale. Dans cette section sont étudiés certains de ces liens ainsi que les causes de l'insécurité juridique en matière fiscale à laquelle sont confrontées les entreprises multinationales, en particulier dans les pays en développement. L'analyse repose sur une source de données unique, l'enquête auprès des entreprises réalisée en 2016 par l'OCDE pour recueillir l'avis des équipes dirigeantes de plus de 500 entreprises, multinationales en grande majorité, et recueillir ainsi leurs points de vue sur la sécurité fiscale dans 82 pays en développement (la méthodologie est décrite dans l'Annexe B) (OCDE/FMI, 2018[1])).

L'insécurité juridique en matière fiscale semble avoir une incidence plus forte sur les décisions des entreprises dans les pays en développement que dans les pays membres de l'OCDE. Bien que la fiscalité ne soit peut-être pas le facteur qui influe le plus sur les décisions d'investissement, il ressort de l'enquête que l'incertitude juridique en matière fiscale peut bel et bien avoir une incidence, et qu'il en va plus souvent ainsi dans les pays en développement que dans les pays membres de l'OCDE. Le Graphique 2.3 indique la fréquence à laquelle l'insécurité juridique en matière fiscale influe sur les décisions des entreprises. Cette fréquence est plus grande dans les trois régions en développement que dans les pays membres de l'OCDE, en particulier dans la région ALC. C'est probablement dû au fait que les niveaux d'insécurité juridique en matière fiscale sont plus élevés dans les régions émergentes et laisse à penser que les pays en développement auraient sans doute beaucoup à gagner de mesures destinées à remédier aux problèmes liés à la sécurité juridique en matière fiscale et au civisme fiscal.

Graphique 2.3. Fréquence à laquelle l'insécurité juridique en matière fiscale influe fortement sur les décisions des entreprises

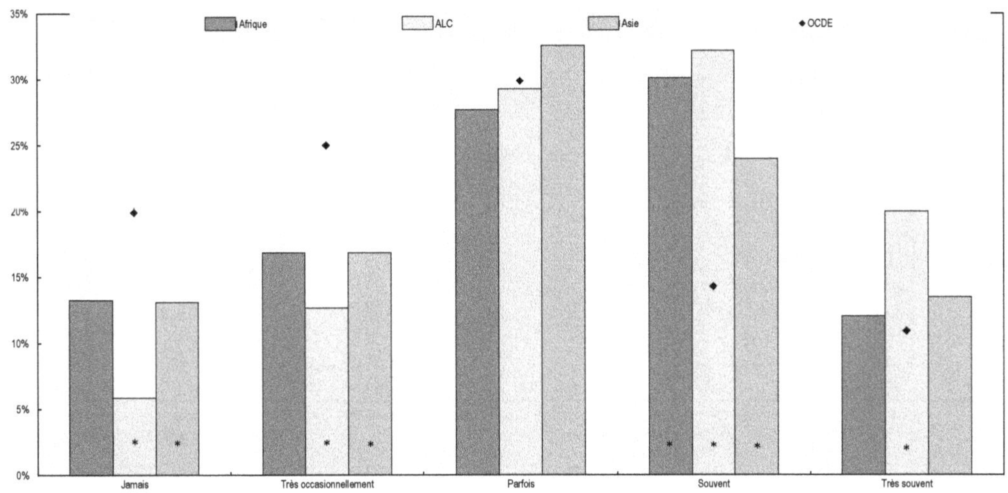

Note : Réponses à la question : « À quelle fréquence l'insécurité juridique en matière fiscale influe-t-elle fortement sur les décisions de l'entreprise ? ». Les personnes interrogées étaient invitées à répondre sur une échelle allant de 5 à 1, 5 signifiant « très souvent », 4 « souvent », 3 « parfois », 2 « très occasionnellement » et 1 « jamais ».
Cette question a été posée séparément pour chacun des pays choisis par les répondants, étant entendu qu'un même répondant pouvait choisir quatre pays au maximum.
* : significatif au seuil de 5 %, différence entre la région considérée et la zone OCDE.
Source : Enquête de l'OCDE sur la fiscalité réalisée auprès des entreprises (2016).

L'insécurité juridique en matière fiscale a des conséquences non négligeables, pouvant notamment entraîner une modification de la structure des entreprises, une hausse de leurs coûts, voire une diminution de leurs investissements. Les entreprises étaient invitées à indiquer en quoi cette insécurité juridique en matière fiscale influait sur leurs activités. Le Graphique 2.4 montre que l'insécurité juridique en matière fiscale peut avoir diverses conséquences pour les entreprises, en premier lieu sur leur structure, leurs coûts et l'ampleur de leurs investissements. L'insécurité juridique en matière fiscale peut n'influer que rarement sur la décision d'investir ou non, mais elle a beaucoup plus souvent une incidence sur les décisions relatives à l'ampleur, à la localisation et à la structure des investissements.

Graphique 2.4. Impact de l'insécurité juridique en matière fiscale

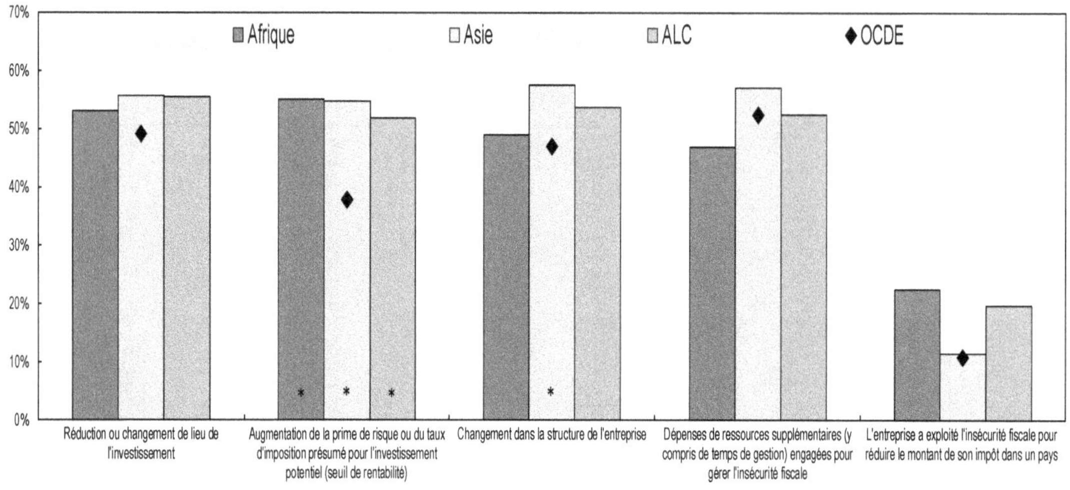

Note : Réponses à la question : « D'après votre expérience, lesquels des effets suivants l'insécurité juridique en matière fiscale a-t-elle eus sur les activités de votre entreprise ? ».
* significatif au seuil de 5 %, différence entre la région considérée et la zone OCDE.
Source : Enquête de l'OCDE sur la fiscalité réalisée auprès des entreprises (2016).

2.4. Les causes de l'insécurité juridique en matière fiscale

Les causes de l'insécurité juridique en matière fiscale varient d'une région à l'autre. Le Graphique 2.5 présente les dix principales causes d'**insécurité juridique en matière** fiscale dans chacune des trois régions considérées. Il met en lumière des disparités (en particulier par comparaison avec les pays membres de l'OCDE), mais aussi des points communs.

Les questions de fiscalité internationale sont source d'insécurité juridique en matière fiscale dans toutes les régions. Plusieurs problèmes de fiscalité internationale figurent parmi les dix premières causes d'insécurité juridique en matière fiscale, ce qui témoigne de l'importance de ces questions pour les entreprises multinationales. Ces problèmes ont trait à des contradictions dans l'interprétation des normes internationales, au manque de compétence de l'administration fiscale et à sa méconnaissance des structures des entreprises multinationales. Ces constatations montrent que les pays en développement auraient tout intérêt à adopter des normes internationales en matière fiscale, comme celles issues du projet BEPS, mais aussi qu'il est impératif de renforcer réellement les capacités nécessaires à l'application de ces normes. Le programme mis en œuvre au Libéria au titre de l'initiative Inspecteurs des impôts sans frontières (IISF) a montré que le renforcement des capacités techniques de l'administration fiscale du Libéria avait débouché sur une amélioration de ses relations avec les entreprises multinationales, notamment marquée par une évolution positive de la discipline fiscale[6]. Les préoccupations exprimées au sujet de la méconnaissance des activités des entreprises internationales révèlent aussi qu'il pourrait être intéressant que les entreprises elles-mêmes s'impliquent dans le renforcement des capacités, afin d'expliquer comment leurs structures et leurs chaînes de valeur sont organisées. L'OCDE a réalisé d'importantes avancées à cet égard et peut aller encore beaucoup plus loin (Encadré 2.2), bien qu'il faille veiller à éviter tout conflit d'intérêt

Graphique 2.5. Les dix premières causes d'insécurité juridique en matière fiscale pour les entreprises

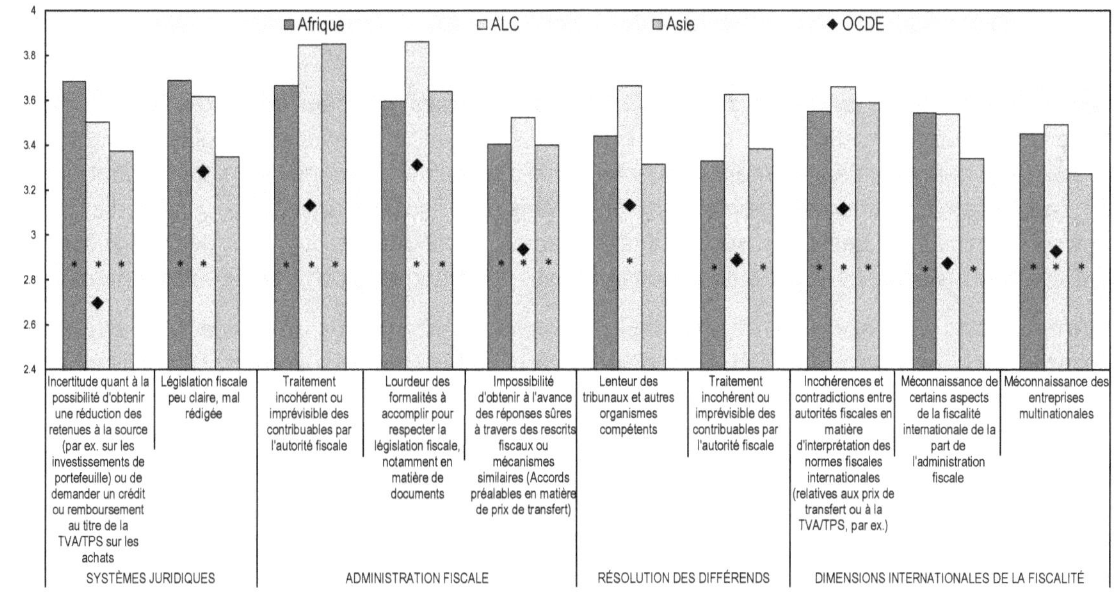

Note : Réponses à la question : « D'après votre expérience, quel rôle chacun des facteurs ci-après a-t-il joué dans l'aggravation globale de l'insécurité juridique en matière fiscale dans les pays que vous avez choisis ? ». Les répondants étaient invités à répondre sur une échelle allant de 5 à 1, 5 signifiant « un rôle extrêmement important » et les chiffres suivants par ordre décroissant dénotant un rôle de moins en moins important. Cette question a été posée séparément pour chacun des pays choisis par les répondants, étant entendu qu'un même répondant pouvait choisir quatre pays au maximum.

* : significatif au seuil de 5 %, différence entre la région considérée et la zone OCDE.

Source : Enquête de l'OCDE sur la fiscalité réalisée auprès des entreprises (2016).

Encadré 2.2. Exploiter les compétences des entreprises et des experts sectoriels

En partageant leurs données d'expérience avec les autorités fiscales et en leur apportant leur éclairage, les entreprises peuvent les aider à mieux comprendre certaines pratiques courantes et attirer leur attention sur les risques d'érosion de la base d'imposition. Les informations obtenues grâce à la consultation du secteur des entreprises ont permis d'élaborer des instruments tels que les boîtes à outils mises au point dans le cadre de la Plateforme de collaboration sur les questions fiscales. Grâce à ces boîtes à outils, plusieurs pays en développement ont amélioré leur connaissance des secteurs d'activité de leurs contribuables, si bien que la relation avec les entreprises repose désormais davantage sur la collaboration.

Il est également envisageable d'impliquer les entreprises dans des actions de renforcement des capacités menées au niveau national ou dans un cadre multilatéral. Ainsi :

- Unilever a mis à disposition ses experts sectoriels pour former les agents de l'administration fiscale du Zimbabwe sur la chaîne de valeur dans le secteur des biens de consommation.
- Les programmes de renforcement des capacités techniques mis en œuvre dans le cadre de l'initiative IISF font de plus en plus appel à des experts sectoriels. Le programme relatif au Botswana, par exemple, a bénéficié de la participation d'un spécialiste du secteur des diamants, qui a permis de mieux comprendre la complexité du commerce de diamants bruts et de l'ajout de valeur au niveau local (par exemple par l'activité de polissage). De même, un expert de la floriculture a été mobilisé pour le programme d'IISF relatif à l'Éthiopie, et des spécialistes des secteurs gazier et pétrolier ont participé au programme d'IISF relatif au Nigéria.

- Dans le cadre d'un programme de formation multilatéral sur les prix de transfert et le secteur minier organisé en République de Corée, les participants des différents pays se sont rendus à l'aciérie Posco pour observer directement la manière dont les minerais (en particulier le minerai de fer) étaient utilisés pour fabriquer de l'acier

Les relations entre les autorités fiscales et les entreprises sont au cœur de la plupart des sources d'insécurité juridique en matière fiscale. La majorité des causes les plus souvent citées sont liées aux différences de traitement ou à l'incapacité d'obtenir une réponse sûre concernant certains points (allègements, remboursements d'impôts, décisions fiscales anticipées). Remédier à ces problèmes pourrait avoir des effets très positifs en termes d'amélioration du climat de l'investissement, en renforçant le civisme fiscal des entreprises multinationales dans les pays en développement.

Les conclusions de l'enquête de l'OCDE auprès des entreprises relatives aux causes de l'insécurité juridique en matière fiscale corroborent celles d'autres études. Les indicateurs de l'enquête *Doing Business* du Groupe de la Banque mondiale incluent plusieurs mesures concernant la fiscalité, et constituent une autre source de données utilisable pour vérifier la cohérence des conclusions établies à partir de l'enquête de l'OCDE sur la sécurité juridique en matière fiscale. Ainsi, les données sur les remboursements de TVA présentées dans le Graphique 2.6 corroborent les résultats de l'enquête sur la sécurité juridique en matière fiscale – à savoir que les remboursements de TVA constituent une source d'insécurité juridique en matière fiscale beaucoup plus grande dans les trois régions étudiées que dans les pays membres de l'OCDE, l'Afrique se caractérisant par l'insécurité juridique en matière fiscale la plus forte. Les données de l'enquête *Doing Business* montrent que c'est en Afrique que les formalités nécessaires à l'obtention d'un remboursement de TVA prennent le plus de temps et que le délai de remboursement est le plus long, et que ce temps et ce délai sont nettement plus longs dans les trois régions étudiées que dans la zone OCDE en moyenne.

Graphique 2.6. Temps nécessaire pour accomplir les formalités requises afin de demander un remboursement de TVA et pour l'obtenir

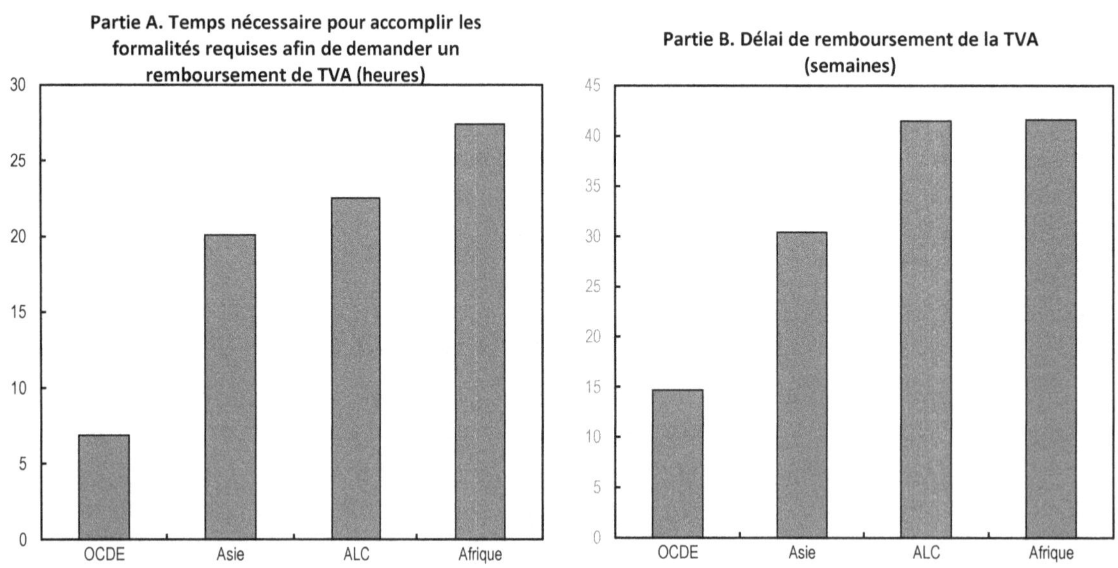

Source : Groupe de la Banque mondiale, indicateurs de l'enquête *Doing Business*.

2.5. Instruments susceptibles d'améliorer la sécurité juridique en matière fiscale et enseignements à tirer pour le civisme fiscal

L'allègement des formalités administratives, le renforcement de la concertation et de la transparence et l'instauration de mécanismes de règlement des différends plus efficaces sont les outils jugés les plus importants pour améliorer la sécurité fiscale. L'enquête invitait les répondants à indiquer quels outils pourraient contribuer à améliorer la sécurité juridique en matière fiscale, sachant que les dix principaux sont présentés dans le Graphique 2.7 ci-après. La plupart de ces instruments concernent l'amélioration de la confiance dans le système d'imposition, ou la nécessité de rendre le système fiscal plus facile à appréhender. Les résultats obtenus à cet égard vont dans le même sens que les recommandations formulées par le Groupe de la Banque mondiale et PricewaterhouseCoopers (PwC) quant à la nécessité pour les pays de se doter de systèmes fiscaux simples et cohérents (Groupe de la Banque mondiale et PwC, 2018[14]). Il semble exister des obstacles similaires à surmonter pour renforcer le civisme fiscal des particuliers. Même si les processus seraient sans aucun doute différents, il est probable que l'allègement des formalités administratives, le renforcement de la concertation et de la transparence et l'instauration de mécanismes de règlement des différends plus efficaces aient des retombées sur le civisme fiscal des particuliers comme sur celui des entreprises multinationales. Il pourrait donc être intéressant que ces mesures s'inscrivent dans le cadre d'efforts déployés par l'administration dans son ensemble pour améliorer le civisme fiscal de tous les contribuables. Une telle démarche pourrait favoriser l'échange d'idées au sein de réseaux plus vastes, et réduire le risque que la sécurité fiscale ne se réduise à une préoccupation des grandes entreprises.

Graphique 2.7. Dix principaux instruments susceptibles de renforcer la sécurité fiscale

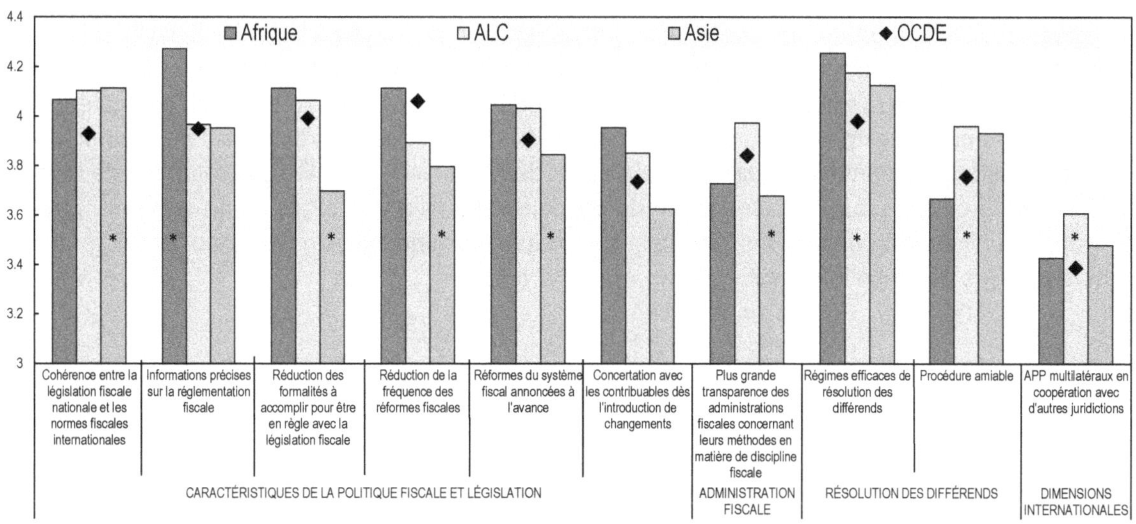

Note : Réponses à la question : « Lequel des instruments suivants a amélioré ou pourrait améliorer la sécurité juridique en matière fiscale ? ». Les répondants étaient invités à répondre sur une échelle allant de 5 à 1, 5 signifiant que l'outil considéré « a amélioré ou pourrait améliorer sensiblement la sécurité juridique en matière fiscale », et les chiffres suivants par ordre décroissant dénotant une importance de plus en plus faible.
* significatif au seuil de 5 %, différence entre la région considérée et la zone OCDE.
Source : Enquête de l'OCDE sur la fiscalité réalisée auprès des entreprises (2016).

Les différences marquées entre régions témoignent de la nécessité d'adopter une approche adaptée aux spécificités de chaque situation pour renforcer le civisme fiscal. Cela montre une fois encore que même si la sécurité juridique en matière fiscale et le civisme fiscal semblent constituer des enjeux mondiaux, les mesures prises les concernant doivent être conçues en fonction du contexte local. Il est peu probable que les pays en développement aient les mêmes priorités que les pays membres de l'OCDE, même si cela peut tenir au fait que ces derniers sont déjà parvenus à surmonter certaines difficultés et peuvent partager l'expérience acquise à cet égard (par exemple par l'intermédiaire du Forum sur l'administration fiscale). Il est possible que les capacités nationales influent également sur les choix stratégiques. Beaucoup de grandes multinationales prônent des programmes de conformité coopérative ayant été adoptés par de nombreux pays de l'OCDE mais qui pourraient cependant s'avérer plus complexes pour les pays en développement, lorsque la limitation des capacités peut créer des risques, notamment en termes de disparités des informations et de capacité technique (FMI/OCDE, 2017[47]. Des travaux complémentaires seront nécessaires, notamment au niveau national, pour évaluer les mesures et le degré d'ouverture et d'implication avec les multinationales susceptibles d'avoir le plus d'effet.

Il est nécessaire de réaliser d'autres études, notamment sur l'influence qu'exercent des facteurs non fiscaux sur le civisme fiscal des entreprises. Le présent chapitre porte sur un aspect du civisme fiscal dans les entreprises, à savoir le rôle de la sécurité juridique en matière fiscale. Il existe toutefois un grand nombre d'autres aspects pouvant être examinés. Les réponses contenues dans la consultation publique en présentent un certain nombre comme par exemple : la perception de l'équité, les stratégies fiscales des entreprises et la gestion du risque, la facilité de conformité, le rôle des cadres au sein de l'entreprise (OCDE, 2019[19]). Il faut également poursuivre les travaux menés pour comprendre l'incidence que peuvent avoir sur le civisme fiscal des entreprises des facteurs non fiscaux (prestations de services publics, ampleur de la corruption, structure des entreprises, etc.).

Le rôle et les répercussions des principes de conduite fiscale responsable spontanée de la part des multinationales au cours des dernières années suscitent un intérêt croissant. En vue d'améliorer le dialogue et la compréhension entre les entreprises et les administrations fiscales, notamment dans les pays en développement, plusieurs organisations patronales ont élaboré des principes facultatifs mettant en avant des pratiques optimales (voir l'Encadré 2.3). Si elles sont couronnées de succès, de telles approches pourraient améliorer le civisme fiscal des entreprises. En outre, l'évaluation de ces initiatives peut avoir des retombées plus importantes si l'on constate que les plus grandes entreprises paient leurs impôts, compte tenu de l'effet d'entraînement positif induit sur le civisme fiscal des entreprises de taille plus réduite et des particuliers. L'OCDE a l'intention de travailler avec les entreprises pour solliciter l'avis de responsables d'administrations fiscales de pays en développement sur la façon dont les entreprises appliquent les principes de discipline fiscale spontanée élaborés par les organisations patronales.

Encadré 2.3. Exemples de principes fiscaux facultatifs élaborés par les entreprises

Il existe divers principes fiscaux facultatifs, mais les plus connus sont ceux qui ont été élaborés par les entreprises auprès de l'OCDE (BIAC) et l'initiative B Team. Le BIAC représente plus de 7 millions d'entreprises de toutes tailles. En 2013, il a élaboré une déclaration sur les meilleures pratiques fiscales en matière de relations avec les administrations fiscales des pays en développement (*Statement of Tax Best Practices for Engaging with Tax Authorities in Developing Countries*) (BIAC, 2013[15]).

La B Team est une initiative sans but lucratif créée par un groupe mondial de dirigeants d'entreprises afin de favoriser une amélioration de l'exercice des activités économiques. En concertation avec les entreprises et la société civile, B Team a élaboré un ensemble de principes de responsabilité fiscale (The B Team, 2018[16])[7] approuvés jusqu'à maintenant par 15 entreprises. Certaines ont rendu publique leur auto-évaluation au regard de ces principes.

Ces deux ensembles de principes couvrent des questions diverses, allant de la responsabilité et la gouvernance au respect de la législation, en passant par les relations avec les autorités fiscales, l'approche adoptée en matière d'avantages fiscaux et la transparence. Ces principes énoncent des orientations que devraient suivre les entreprises. Ainsi, s'agissant des avantages fiscaux, on peut lire dans la déclaration du BIAC :

Les entreprises peuvent utiliser des avantages fiscaux transparents, portés à la connaissance du public et consacrés par le droit du pays hôte.

Les entreprises doivent s'abstenir de réclamer ou d'accepter des exonérations qui ne sont pas prévues par le cadre législatif, réglementaire ou administratif en matière de fiscalité, d'incitations financières ou pour toute autre question.

Le civisme fiscal des PME nécessite également des investigations plus poussées. Ce chapitre s'est concentré sur les multinationales, car les contribuables de ces multinationales ont une grande importance, notamment dans les pays en développement, ce qui ne veut pas dire que le civisme fiscal dans les PME soit négligeable. Les PME représentent la majorité des entreprises dans les pays émergents et constituent en moyenne 45% de l'emploi total, et 33% du PIB (OECD, 2017[17]) Beaucoup de PME passent d'un statut formel à un statut informel, ce qui a des répercussions significatives non seulement sur le paiement des impôts mais sur l'accès aux systèmes de protection sociale des employés. Au regard des disparités entre les PME et les multinationales, divers facteurs sont susceptibles d'influer sur le civisme fiscal, de ce fait, il est nécessaire de mener des travaux s'adressant spécifiquement aux PME.

2.6. Considérations relatives à l'action publique et autres travaux

Un plus grand civisme fiscal pourrait conduire à une discipline **fiscale renforcée.** Si le civisme fiscal est rarement le facteur déterminant dans la décision de réaliser ou non un investissement, il est néanmoins fort susceptible d'influer sur l'ampleur et la composition des investissements. Renforcer le civisme fiscal demeure une entreprise complexe, en particulier dans les pays en développement, parce que ses déterminants sont difficiles à cerner et que les travaux sur la question restent limités. Dans ce rapport, l'analyse des réponses recueillies dans le cadre d'enquêtes sur la sécurité juridique en matière fiscale a permis de relever certains points de départ potentiels pour agir sur le civisme fiscal des entreprises multinationales.

- **Accentuer les efforts de renforcement des capacités des administrations fiscales des pays en développement en matière de fiscalité internationale**, afin de remédier aux incohérences dans l'application des normes internationales et de permettre à ces administrations d'acquérir de l'expérience dans ce domaine. L'initiative Inspecteurs des impôts sans frontières (IISF) est un excellent moyen de renforcer l'expérience pratique en matière d'application des normes fiscales internationales.

- **Associer davantage les entreprises aux initiatives destinées à renforcer les capacités des administrations fiscales des pays en développement.** Cette association comporte des risques, mais elle peut aussi être bénéfique en permettant aux entreprises d'expliquer de manière plus précise le fonctionnement de leurs structures, processus et chaînes de valeur. En règle générale, ces informations transmises aux fins de renforcement des capacités peuvent être fournies par des membres non fiscalistes du personnel des entreprises, ce qui facilite la gestion de conflits d'intérêts éventuels. Dans certains pays, il peut être utile de faire un meilleur usage des approches de discipline coopérative, bien que de telles approches comportent des risques, notamment dans les pays en développement où les capacités et les garanties sont moindres.
- **Faciliter l'instauration de mécanismes efficaces en matière de TVA et de retenue à la source.** L'essentiel de l'intérêt porté à la fiscalité des entreprises multinationales concerne l'impôt sur les sociétés. Or, il est clair que d'autres impôts acquittés par ces entreprises soulèvent des problèmes non négligeables. La TVA est un domaine particulièrement préoccupant, l'absence de mécanismes de remboursement efficaces pouvant conduire les entreprises à exiger des exonérations. Les Principes directeurs internationaux pour la TVA/TPS de l'OCDE et le Forum mondial de l'OCDE sur la TVA pourraient offrir de bons points de départ pour une réflexion plus approfondie sur ces questions.
- **Mettre à disposition l'expérience d'autres administrations fiscales.** Il existe de fortes disparités entre régions (et pays) quant aux facteurs qui influent sur le civisme fiscal des entreprises. Ces disparités peuvent être le signe d'une différence de priorités, mais aussi signifier que certains pays sont déjà parvenus à surmonter des difficultés existant ailleurs. Les organisations fiscales régionales et le Forum sur l'administration fiscale pourraient donc se mobiliser davantage pour mettre leurs compétences et leur expérience à la disposition des autres. Cela pourrait passer par certaines suggestions mises en lumière dans ce rapport comme la réduction des formalités administratives, l'amélioration de la concertation et de la transparence, et une résolution des litiges plus efficace.
- **Chercher à créer des synergies en renforçant le civisme fiscal dans l'ensemble du système fiscal.** Les questions liées à la confiance et à la transparence concernent aussi bien les entreprises que les particuliers, ce qui laisse à penser qu'il faudrait traiter la question du civisme fiscal comme un problème commun, partager les expériences et les connaissances entre les différentes composantes du système et mettre fin au cloisonnement qui conduit à examiner séparément la fiscalité des personnes physiques et celle des entreprises, voire des entreprises multinationales. À cet égard, il pourrait être utile d'élargir le champ des travaux consacrés aux multinationales, qui sont aujourd'hui axés sur la sécurité juridique en matière fiscale, pour y inclure le concept de civisme fiscal.
- **Mener des travaux au niveau national pour cerner les principaux facteurs qui influent sur le civisme fiscal des différents types d'entreprises (en termes de taille et de secteur d'activité).** Comme dans le cas du civisme fiscal concernant les particuliers, il est nécessaire de mener des travaux plus approfondis au niveau national pour obtenir des informations supplémentaires, notamment pour une meilleure compréhension de tous les déterminants du civisme fiscal autres que la sécurité juridique en matière fiscale, sur la manière dont le civisme fiscal interagit avec d'autres facteurs qui affectent la discipline fiscale, comme l'équité en matière fiscale. Des travaux plus approfondis menés au niveau national sont essentiels dans l'élaboration d'une action publique précise et détaillée.

- **Réaliser des travaux complémentaires pour comprendre les répercussions des autres composantes du civisme fiscal, comme par exemple les principes facultatifs.** L'OCDE a l'intention de travailler avec le BIAC pour évaluer l'incidence des principes qu'il a élaborés dans les pays en développement. L'OCDE mènera une enquête auprès des administrations fiscales, essentiellement dans les pays en développement, afin de réunir des éléments d'information.

Références

Alm, J. et C. McClellan (2012), « Tax morale and tax compliance from the firm's perspective », *Kyklos*, https://doi.org/10.1111/j.1467-6435.2011.00524.x. [9]

ATAF (2016), *African Tax Outlook*, https://events.ataftax.org/index.php?page=documents&func=view&document_id=15 (consulté le 2019 décembre July). [13]

BIAC (2013), *BIAC Statement of Tax Best Practices for Engaging with Tax Authorities in Developing Countries*, http://biac.org/wp-content/uploads/2017/06/Statement-of-Tax-Best-Practices-for-Engaging-with-Tax-Authorities-in-Developing-Countries-2016-format-update1.pdf. [15]

Groupe de la Banque mondiale (2018), *Global Investment Competitiveness Report 2017/2018.* [3]

Groupe de la Banque mondiale et PwC (2018), *Paying Taxes 2019*, http://www.pwc.com/payingtaxes (consulté le 3 décembre 2018). [14]

Hornberger, K. et P. Kusek (2011), *What drives decisions on where to invest?*, Groupe de la Banque mondiale, http://iab.world (consulté le 3 décembre 2018). [6]

James, S. (2009), *Incentives and Investments: Evidence and Policy Implications*, Banque mondiale, http://documents.worldbank.org/curated/en/945061468326374478/pdf/588160WP0Incen10BOX353820B01PUBLIC1.pdf. [5]

Joulfaian, D. (2009), « Bribes and Business Tax Evasion », *The European Journal of Comparative Economics*, vol. 6/2, pp. 227-244, http://eaces.liuc.it. [8]

Lanis, R. et al. (2018), « The Impact of Corporate Tax Avoidance on Board of Directors and CEO Reputation », *Journal of Business Ethics*, https://doi.org/10.1007/s10551-018-3949-4. [10]

Moore, M., W. Prichard et O. Fjeldstad (2018), *Taxing Africa: Coercion, Reform and Development*, Zed Books. [2]

Mulligan, E. (2016), « Tax professionals at work in Silicon Valley », *Accounting, Organizations and Society*, vol. 52, pp. 63-76, https://doi.org/10.1016/j.aos.2015.09.005. [12]

OCDE/FMI (2018), *Update on Tax Certainty - IMF/OECD Report for the G20 Finance Ministers and Central Bank Governors - July 2018*, http://www.oecd.org/ctp/tax-policy/tax-certainty-update-oecd-imf-report-g20-finance-ministers-july-2018.pdf. [1]

OECD (2019), *Public comments on the discussion draft on « What is driving tax morale? »*, https://www.oecd.org/tax/tax-global/compilation-public-comments-what-is-driving-tax-morale.pdf (consulté le 12 July 2019). [11]

OECD (2017), *Enhancing the Contributions of SMEs ina Global and Digitalised Economy*, https://www.oecd.org/industry/C-MIN-2017-8-EN.pdf (consulté le 16 July 2019). [17]

Plateforme de collaboration sur les questions fiscales (2015), *Options pour une utilisation efficace et efficiente des incitations fiscales à l'investissement dans les pays à faible revenu*, http://www.oecd.org/fr/fiscalite/options-pour-une-utilisation-efficace-et-efficiente-des-incitations-fiscales-a-l-investissement-dans-les-pays-a-faible-revenu.pdf (consulté le 18 décembre 2018). [4]

The B Team (2018), *A New Bar for Responsible Tax*, http://bteam.org/wp-content/uploads/2018/02/A-New-Bar-For-Responsible-Tax.pdf (consulté le 8 mars 2019). [16]

Yucedogru, R. (2013), *Understanding Tax Morale And Tax Compliance of SMEs: An Example of Turkey*. [7]

Notes

[1] L'érosion de la base d'imposition et le transfert de bénéfices (BEPS) fait référence aux stratégies de planification fiscale utilisées par les entreprises multinationales pour exploiter les failles et les différences dans les règles fiscales afin d'éviter de payer des impôts. Les pays en développement dépendent davantage des impôts sur les sociétés, ce qui implique qu'ils pâtissent des effets du BEPS de manière disproportionnée. Les pratiques du BEPS ont coûté 100 à 240 milliards de dollars US par an de pertes de recettes. En travaillant en collaboration avec le Cadre inclusif du BEPS de l'OCDE et du G20, plus de 130 pays et juridictions travaillent à la mise en œuvre de 15 mesures pour lutter contre l'évasion fiscale, améliorer la cohérence de la réglementation fiscale internationale et veiller au maintien d'un environnement fiscal plus transparent.

[2] Voir http://www.enterprisesurveys.org/data.

[3] En 2019, USAID a démarré une étude sur les PME, qui a pour objectif de recenser les facteurs qui contribuent à l'érosion de la discipline fiscale des PME à cause de leurs comptables et les facteurs qui contribuent à un comportement et des attitudes plus disciplinés de la part des PME et de leurs comptables. Les résultats de cette analyse vont permettre aux fonctionnaires Serbes de mettre en place des stratégies qui vont les aider à faire progresser le civisme fiscal et la discipline fiscale de manière indirecte, en exerçant une influence ou une incitation sur les comptables fiscalistes.

[4] Calculée à partir de données tirées de l'enquête sur l'environnement et les performances des entreprises (BEEPS, *Business Environment and Enterprise Performance Survey*) réalisée par la Banque européenne pour la reconstruction et le développement (BERD) et la Banque mondiale.

[5] Cette aproche est reflétée par un grand nombre des réponses de la consultation (mais pas dans toutes), notamment celles qui proviennent du secteur privé.

[6] Citation par Darlingston Talery, Commissaire aux impôts nationaux, Administration fiscale du Liberia (LRA), lors de sa présentation à la Conférence sur le civisme fiscal qui s'est tenue le 25 janvier 2019. Des améliorations comprennent le renforcement du dialogue entre LRA et les préparateurs de déclarations et des améliorations dans la production des déclarations. Voir aussi la présentation des transparents http://www.oecd.org/ctp/tax-global/presentations-of-the-conference-on-the-role-of-tax-morale-in-development-january-2019.pdf.

[7] Ces principes sont consultables dans leur intégralité à l'adresse suivante : http://bteam.org/wp-content/uploads/2018/02/A-New-Bar-For-Responsible-Tax.pdf.

Annexe A. Méthodologie – Particuliers

Pays pris en compte dans l'analyse

L'analyse fait appel à des enquêtes d'opinion mondiales et régionales qui explorent les perceptions et attitudes de la population à l'égard de divers aspects de la société.

Enquête World Values Survey, vague 2010-13

L'analyse fait appel à la dernière vague (2010-13) de l'enquête *World Value Survey.* Pour explorer les différences entre régions, on a constitué plusieurs groupes de pays : zone OCDE (hors Chili et Mexique), Amérique latine, Asie émergente, Afrique, Europe orientale et reste du monde (Tableau A A.1). Seuls les 56 pays qui ont répondu à la question sur le civisme fiscal sont pris en compte et le nombre de pays par groupe régional est compris entre 5 et 12.

Tableau A A.1. Pays ayant répondu à la question sur le civisme fiscal de l'enquête World Values Survey 2010-13

Certains pays de l'OCDE	Amérique latine	Asie émergente	Afrique	Europe de l'Est	Reste du monde
Australie	Argentine	Chine	Afrique du Sud	Belarus	Arménie
Corée du Sud	Brésil	Hong Kong	Algérie	Géorgie	Azerbaïdjan
Espagne	Chili	Inde	Égypte	Roumanie	Chypre[1]
Estonie	Colombie	Malaisie	Ghana	Russie	Iraq
États-Unis	Équateur	Pakistan	Libye	Ukraine	Jordanie
Japon	Mexique	Philippines	Maroc		Kazakhstan
Pologne	Pérou	Singapour	Nigéria		Kirghizistan
Nouvelle-Zélande	Trinité-et-Tobago	Thaïlande	Rwanda		Koweït
Pays-Bas	Uruguay		Tunisie		Liban
Slovénie			Zimbabwe		Palestine
Suède					Ouzbékistan
Turquie					Yémen

Latinobarómetro 2016

La dernière vague de l'enquête Latinobarómetro (2016) a été administrée dans 18 pays d'Amérique latine et des Caraïbes représentatifs de la région : Argentine, Bolivie, Brésil, Chili, Colombie, Costa Rica, République dominicaine, Équateur, El Salvador, Guatemala, Honduras, Mexique, Nicaragua, Panama, Paraguay, Pérou, Uruguay et Venezuela.

Afrobaromètre 2015

La vague 2015 de l'Afrobaromètre a été administrée dans 36 pays : Algérie, Bénin, Botswana, Burkina Faso, Burundi, Cameroun, Cabo Verde, Côte d'Ivoire, Égypte, Gabon, Ghana, Guinée, Kenya, Lesotho, Libéria, Madagascar, Malawi, Mali, Maurice, Maroc, Mozambique, Namibie, Niger, Nigéria, São Tomé-et-Príncipe, Sénégal, Sierra Leone, Afrique du Sud, Soudan, Swaziland, Tanzanie, Togo, Tunisie, Ouganda, Zambie et Zimbabwe.

Variables et questions choisies

Tableau A A.2. Questions posées dans l'enquête World Values Survey et les enquêtes régionales

	World Values Survey (2010-2014)	Latinobarómetro (2016)	Afrobaromètre (2015)	AsiaBarometer (2007)
Civisme fiscal	« Tricher concernant vos impôts si vous en aviez la possibilité » : pensez-vous que tricher est toujours justifiable, que c'est injustifiable ou plus ou moins justifiable ?	Dans quelle mesure estimez-vous qu'il peut être justifié de se soustraire au paiement des impôts ?	Estimez-vous qu'il serait justifié de tricher concernant vos impôts si vous en aviez la possibilité ?	
Consentement à l'impôt		Quelle hausse d'impôts êtes-vous disposé à supporter pour financer des travaux d'infrastructure qui favorisent l'intégration du pays au reste du monde ?	Les citoyens doivent payer leurs impôts à l'État pour que notre pays se développe.	
Augmentation des dépenses au titre des services publics			Si le gouvernement décidait d'augmenter les impôts ou les taxes afin de pouvoir augmenter les dépenses au titre du système public de santé, seriez-vous pour ou contre cette décision ?	Indiquez si vous estimez souhaitable que les dépenses publiques au titre de l'éducation augmentent ou diminuent.
Ressortissant du pays	Êtes-vous un ressortissant de ce pays ?			
Niveau d'études	Quel niveau d'études avez-vous atteint ?	Quel est votre niveau d'études ?	Quel niveau d'études avez-vous atteint ?	
Religion	Que vous soyez ou non pratiquant, vous décririez-vous comme ayant des convictions religieuses ?	Estimez-vous avoir des convictions religieuses ?	En dehors des mariages et des funérailles, à quelle fréquence vous adonnez-vous personnellement à des pratiques religieuses comme la prière ou la lecture d'un livre religieux, ou participez-vous à des services religieux ou à des réunions de groupes religieux ?	
Confiance dans l'administration	Dans quelle mesure avez-vous confiance dans l'administration de la capitale de votre pays ?	Quelle est votre degré de confiance dans l'administration ?	Faites-vous confiance au président ?	
Attachement à la démocratie	« Avoir un système politique démocratique » : estimez-vous que cette manière de gouverner votre pays est très bonne, plutôt bonne, plutôt mauvaise ou très mauvaise ?	À laquelle des affirmations suivantes souscrivez-vous le plus ? « La démocratie est préférable à n'importe quelle autre forme de régime » ; « Dans certaines circonstances, un régime autoritaire peut être préférable à un régime démocratique » ; « Pour des personnes comme moi, peu importe que le régime soit démocratique ou non ».	La démocratie est préférable à toute autre forme de régime.	À quel point êtes-vous satisfait ou mécontent du système démocratique ?
Méritocratie	Selon vous, est-ce que travailler beaucoup finit			

	généralement par permettre d'accéder à une vie meilleure ou conduit rarement à la réussite – qui est surtout une question de chance et de relations ?			
Attachement à la redistribution	« L'État impose les riches et aide les pauvres » : dans quelle mesure pensez-vous qu'il s'agit là d'une caractéristique importante de la démocratie ?			« Il est souhaitable que les gens soient égaux, même si l'économie stagne, plutôt que de ne pas l'être alors que l'économie croît ». Indiquez dans quelle mesure vous êtes d'accord avec cette constatation.
Égalité des revenues	Faudrait-il que les revenus soient plus égaux ?			
Corruption		Selon vous, depuis l'année passée, la corruption a-t-elle beaucoup augmenté, augmenté, été stable, diminué ou beaucoup diminué ?	Selon vous, au cours de l'année écoulée, la corruption a-t-elle augmenté, diminué ou est-elle restée stable dans ce pays ?	Indiquez dans si vous êtes d'accord ou non avec l'affirmation : « La corruption est très répandue parmi ceux qui gouvernent le pays. »
Satisfaction à l'égard du système de santé		Diriez-vous que vous êtes très satisfait, plutôt satisfait, peu satisfait ou pas satisfait du tout des hôpitaux publics ?	Dans quelle mesure le gouvernement actuel gère-t-il bien ou mal les services publics de santé élémentaires ?	Indiquez dans quelle mesure vous-êtes satisfait ou mécontent du système de santé ?
Satisfaction à l'égard du système éducatif			Dans quelle mesure le gouvernement actuel répond-il bien ou mal aux besoins en matière éducative ?	Indiquez dans quelle mesure vous êtes satisfait ou mécontent du système éducatif ?
Importance des infrastructures		Dans la liste suivante, pensez-vous que les infrastructures constituent le problème le plus important ?	Selon vous, le gouvernement actuel entretient-il bien ou mal les routes et les ponts ?	
Importance de l'intégration		Dans la liste suivante, pensez-vous que l'intégration constitue le problème le plus important ?		
Attitudes positives vis-à-vis de la fiscalité			Avez-vous déjà refusé de payer un impôt au gouvernement ? De « oui », « souvent » à « non, je ne ferais jamais cela ».	
Difficulté à échapper à l'impôt			Dans quelle mesure est-il facile ou difficile de faire chacune des actions suivantes : « échapper au paiement de l'impôt sur le revenu ou des droits sur la propriété dus à l'État ».	
Légitimité des autorités fiscales			Les autorités fiscales ont toujours le droit de demander à la population de payer des impôts.	

Méthodologie

Le civisme fiscal a été mesuré à partir des réponses à la question « estimez-vous qu'il peut être justifié de tricher concernant les impôts lorsqu'on en a la possibilité ? ». Le civisme fiscal est une variable indicatrice qui prend la valeur 1 lorsque le répondant choisit, sur une échelle graduée de 1 à 10, la note 10 (il ne peut jamais être justifié de tricher concernant ses impôts) et la valeur 0 lorsque la note choisie est comprise entre 1 (tricher concernant les impôts peut toujours être justifié) et 6 (faible civisme fiscal). En conséquence, une personne est dotée d'un civisme fiscal élevé lorsqu'elle estime qu'il ne peut jamais être justifié de tricher concernant les impôts.

Les facteurs influant sur le civisme fiscal sont analysés au moyen d'une méthode microéconométrique simplifiée. Suivant la spécification standard utilisée dans les travaux empiriques, un modèle probit a été estimé sur une base individuelle. La variable dépendante est le civisme fiscal, mesuré selon trois méthodes quand les données disponibles le permettent. La première méthode est la méthode traditionnelle, consistant à mesurer les attitudes à l'égard de l'impôt à partir des personnes qui estiment que rien ne justifie de tricher concernant les impôts. La deuxième consiste à définir le civisme fiscal comme le consentement à payer davantage d'impôts pour financer le développement ou un service public. Dans la troisième, qui n'a été utilisée que pour l'Afrique, la variable dépendante, qui est un indicateur indirect du civisme fiscal, renseigne sur le consentement à accroître les dépenses au titre de certains services publics.

L'analyse rend compte des liens entre les perceptions des citoyens en matière de civisme fiscal et plusieurs variables socioéconomiques et institutionnelles (liées aux perceptions), qui varient en fonction des données fournies par les enquêtes mondiales et régionales. On inclut donc dans un premier temps dans les régressions probit les facteurs socioéconomiques, ce qui permet d'obtenir les informations qui ne sont pas dépendantes de choix des pouvoirs publics. Dans un deuxième temps, conformément à la littérature empirique et selon les données disponibles, on inclut successivement les différentes variables une par une et individuellement, à savoir les variables liées aux institutions, à la satisfaction à l'égard des services publics, à la corruption et à l'administration de l'impôt. Dans la dernière étape, toutes les variables socioéconomiques et tous les déterminants analysés sont inclus dans le modèle probit. Toutes les régressions comprennent des variables pays qui permettent de tenir compte d'éventuelles différences de perception et de comportement moyen d'un pays à l'autre.

Limites possibles

Parmi les limites dont il faut tenir compte figure le fait que les enquêtes régionales utilisées ne sont pas comparables entre elles. De plus, la couverture par pays reste faible (l'analyse porte sur les résultats régionaux et ne compare pas les pays) et les enquêtes ont été administrées à des périodes différentes. Enfin, comme pour l'enquête World Values Survey, les questions ont pour but de mesurer des perceptions et habitudes ; les informations proviennent donc des déclarations des personnes interrogées elles-mêmes, ce qui peut fausser les résultats.

Résultats de l'estimation probit

Tableau A A.3. Régressions probit expliquant le civisme fiscal à partir de données de l'enquête World Values Survey (2010-2014)

Var. dép	(1)	(2)	(3)	(4)	(5)	(6)	(7)
Religion	0.019	0.019	0.017	0.018	0.017	0.019	0.014
	(0.004)***	(0.004)***	(0.004)***	(0.004)***	(0.004)***	(0.004)***	(0.004)***
Sexe féminin	0.025	0.023	0.023	0.025	0.025	0.024	0.022
	(0.004)***	(0.004)***	(0.004)***	(0.004)***	(0.004)***	(0.004)***	(0.004)***
Âge	0.002	0.002	0.002	0.002	0.002	0.002	0.002
	(0.000)***	(0.000)***	(0.000)***	(0.000)***	(0.000)***	(0.000)***	(0.000)***
Niveau d'études	0.005	0.005	0.004	0.006	0.005	0.005	0.005
	(0.001)***	(0.001)***	(0.001)***	(0.001)***	(0.001)***	(0.001)***	(0.001)***
Ressortissant du pays	0.061	0.059	0.06	0.064	0.059	0.063	0.06
	(0.014)***	(0.014)***	(0.014)***	(0.014)***	(0.014)***	(0.014)***	(0.014)***
Travailleur à temps partiel	-0.025	-0.026	-0.025	-0.027	-0.025	-0.026	-0.028
	(0.006)***	(0.006)***	(0.006)***	(0.006)***	(0.006)***	(0.006)***	(0.006)***
Travailleur indépendant	-0.001	-0.002	-0.004	0	-0.003	-0.001	-0.005
	-0.006	-0.006	-0.006	-0.006	-0.006	-0.006	-0.006
Retraité	0.001	0.001	0.001	0	-0.003	0	-0.002
	-0.007	-0.007	-0.007	-0.007	-0.007	-0.007	-0.007
Femme au foyer	-0.012	-0.011	-0.01	-0.015	-0.013	-0.012	-0.013
	(0.006)**	(0.006)*	(0.006)*	(0.006)**	(0.006)**	(0.006)**	(0.006)**
Étudiant	0.006	0.005	0.002	0.005	0.005	0.006	0.001
	-0.007	-0.007	-0.007	-0.007	-0.007	-0.007	-0.008
Chômeur	-0.017	-0.018	-0.017	-0.017	-0.015	-0.018	-0.019
	(0.006)***	(0.006)***	(0.006)***	(0.006)***	(0.006)***	(0.006)***	(0.006)***
2e quintile	-0.002	-0.004	-0.008	-0.001	-0.004	-0.002	-0.007
	-0.005	-0.006	-0.006	-0.006	-0.005	-0.006	-0.006
3e quintile	-0.032	-0.033	-0.033	-0.031	-0.034	-0.031	-0.033
	(0.005)***	(0.005)***	(0.005)***	(0.005)***	(0.005)***	(0.005)***	(0.006)***
4e quintile	-0.052	-0.054	-0.054	-0.051	-0.052	-0.051	-0.052
	(0.006)***	(0.006)***	(0.006)***	(0.006)***	(0.006)***	(0.006)***	(0.006)***
5e quintile	-0.076	-0.08	-0.077	-0.077	-0.069	-0.075	-0.07
	(0.009)***	(0.009)***	(0.009)***	(0.009)***	(0.009)***	(0.009)***	(0.010)***
Confiance dans l'administration		0.014					0.008
		(0.002)***					(0.002)***
Attachement à la démocratie			0.049				0.042
			(0.002)***				(0.002)***
Démocraties redistributives				0.005			0.004
				(0.001)***			(0.001)***
Méritocratie					0.016		0.015
					(0.001)***		(0.001)***
Attachement à la redistribution						0.003	0.002
						(0.001)***	(0.001)***
Pseudo R2	0.13	0.13	0.14	0.12	0.14	0.13	0.16
Observations	50.598	49.149	48.043	48.994	49.689	49.353	45.149

Note : Effets marginaux. Erreurs type robustes entre parenthèses ; *,**,*** désignent un seuil de significativité statistique de respectivement 10 %, 5 % et 1 %. Les régressions incluent des variables indicatrices pour le pays et la situation matrimoniale qui ne sont pas indiquées dans le tableau. Les variables indicatrices correspondant au travail à plein temps et au 1er quintile ont été omises dans les régressions.

Source : Calculs réalisés par le Centre de développement de l'OCDE et le Centre de politique et d'administration fiscales à partir de l'enquête World Values Survey (2010-2014).

Tableau A A.4. Régressions probit expliquant le civisme fiscal à partir de l'enquête Latinobarómetro (2016)

Var. dép	(1)	(2)	(3)	(4)	(5)
Religion	0.001	0	0.002	0.002	0.001
	-0.005	-0.006	-0.005	-0.006	-0.006
Sexe féminin	-0.014	-0.014	-0.016	-0.016	-0.015
	-0.01	-0.01	-0.01	-0.01	-0.01
Âge	0.003	0.002	0.003	0.002	0.002
	(0.000)***	(0.000)***	(0.000)***	(0.000)***	(0.000)***
Niveau d'études	0.007	0.006	0.006	0.006	0.006
	(0.001)***	(0.001)***	(0.001)***	(0.001)***	(0.001)***
Ressortissant du pays	-0.014	-0.008	-0.008	0.002	-0.002
	-0.046	-0.05	-0.046	-0.047	-0.049
Travailleur indépendant	-0.012	-0.011	-0.011	-0.01	-0.011
	-0.013	-0.013	-0.013	-0.013	-0.013
Sans emploi	-0.038	-0.03	-0.038	-0.039	-0.032
	(0.022)*	-0.023	(0.023)*	(0.023)*	-0.023
Retraité	0.002	0.016	0.008	0.011	0.022
	-0.023	-0.023	-0.023	-0.023	-0.023
Femme au foyer	0.007	0.007	0.009	0.011	0.01
	-0.015	-0.015	-0.015	-0.015	-0.015
Étudiant	0.034	0.024	0.034	0.037	0.024
	-0.024	-0.024	-0.024	-0.024	-0.024
Attachement à la démocratie		0.051			0.052
		(0.006)***			(0.006)***
Satisfaction à l'égard du système de santé			-0.029		-0.033
			(0.005)***		(0.005)***
Satisfaction à l'égard du système éducatif				-0.017	
				(0.005)***	
Pseudo R2	0.05	0.06	0.06	0.05	0.07
Observations	10,127	9,494	10,067	9,836	9,447

Note : Effets marginaux. Erreurs type robustes entre parenthèses ; *,**,*** désignent un seuil de significativité statistique de respectivement 10 %, 5 % et 1 %. Les régressions incluent des variables indicatrices pour le pays, la situation matrimoniale, l'origine ethnique et le quintile qui ne sont pas indiquées dans le tableau. Les variables indicatrices correspondant au travail salarié et au 1er quintile ont été omises dans les régressions.

Source : Calculs réalisés par le Centre de développement de l'OCDE et le Centre de politique et d'administration fiscales à partir de l'enquête Latinobarómetro (2016).

Tableau A A.5. Régressions probit expliquant le consentement à une hausse des impôts à partir de l'enquête Latinobarómetro (2016)

Var. dép	(1)	(2)	(3)	(4)	(5)	(6)	(7)
Religion	0.011	0.012	0.010	0.008	0.011	0.011	0.011
	(0.004)***	(0.004)***	(0.004)**	(0.003)***	(0.004)***	(0.004)***	(0.004)***
Sexe féminin	-0.015	-0.015	-0.012	-0.009	-0.015	-0.015	-0.010
	(0.007)**	(0.008)**	(0.007)*	(0.006)*	(0.007)**	(0.007)**	(0.008)
Âge	-0.000	-0.000	-0.000	-0.000	-0.000	-0.000	-0.000
	(0.000)	(0.000)	(0.000)	(0.000)	(0.000)	(0.000)	(0.000)
Niveau d'études	-0.001	-0.001	-0.001	-0.002	-0.001	-0.001	-0.001
	(0.001)	(0.001)	(0.001)	(0.001)**	(0.001)	(0.001)	(0.001)
Ressortissant du pays	0.006	-0.015	-0.002	-0.014	0.007	0.007	-0.015
	(0.033)	(0.024)	(0.034)	(0.023)	(0.033)	(0.033)	(0.025)
Travailleur indépendant	-0.018	-0.014	-0.017	-0.004	-0.018	-0.018	-0.012
	(0.009)*	(0.010)	(0.009)*	(0.007)	(0.009)*	(0.009)*	(0.010)
Sans emploi	-0.036	-0.031	-0.032	-0.005	-0.035	-0.035	-0.028
	(0.017)**	(0.018)*	(0.017)*	(0.013)	(0.017)**	(0.017)**	(0.018)
Retraité	0.010	0.008	0.012	0.012	0.011	0.010	0.007
	(0.016)	(0.017)	(0.016)	(0.013)	(0.016)	(0.016)	(0.017)
Femme au foyer	-0.012	-0.011	-0.012	0.003	-0.011	-0.012	-0.011
	(0.011)	(0.011)	(0.011)	(0.008)	(0.011)	(0.011)	(0.011)
Étudiant	0.005	0.001	0.003	-0.027	0.005	0.004	-0.001
	(0.017)	(0.017)	(0.017)	(0.016)*	(0.017)	(0.017)	(0.018)
Attachement à la démocratie		-0.005					-0.009
		(0.004)					(0.004)**
Confiance dans l'administration			0.025				0.025
			(0.004)***				(0.004)***
Recul de la corruption				0.004			0.010
				(0.003)			(0.004)***
Importance des infrastructures					0.016		0.012
					(0.007)**		(0.007)*
Importance de l'intégration						0.019	0.017
						(0.008)**	(0.009)*
Pseudo R2	0.03	0.03	0.03	0.08	0.03	0.03	0.03
Observations	13,047	12,281	12,901	11,295	13,047	13,047	11,935

Notes : Effets marginaux. Erreurs type robustes entre parenthèses ; *,**,*** désignent un seuil de significativité statistique de respectivement 10 %, 5 % et 1 %. Les régressions incluent des variables indicatrices pour le pays, la situation matrimoniale, l'origine ethnique et le quintile qui ne sont pas indiquées dans le tableau. Les variables indicatrices correspondant au travail salarié et au 1er quintile ont été omises dans les régressions.

Source : Calculs réalisés par le Centre de développement de l'OCDE et le Centre de politique et d'administration fiscales à partir de l'enquête *Latinobarómetro* (2016).

Tableau A A.6. Régressions probit expliquant le civisme fiscal à partir de l'enquête Afrobaromètre (2015)

	(1)	(2)	(3)	(4)	(5)	(6)	(7)	(8)
Religion	0.013	0.014	0.013	0.012	0.012	0.015	0.015	0.010
	(0.013)	(0.013)	(0.013)	(0.013)	(0.013)	(0.014)	(0.013)	(0.015)
Sexe féminin	-0.022	-0.023	-0.020	-0.023	-0.022	-0.025	-0.021	-0.020
	(0.004)***	(0.004)***	(0.005)***	(0.004)***	(0.004)***	(0.005)***	(0.004)***	(0.005)***
Âge	0.000	0.000	0.000	0.000	0.000	0.000	0.000	0.000
	(0.000)	(0.000)	(0.000)	(0.000)	(0.000)	(0.000)	(0.000)	(0.000)
Niveau d'études	0.002	0.002	0.002	0.003	0.002	0.002	0.002	0.002
	(0.001)***	(0.001)***	(0.001)***	(0.001)***	(0.001)***	(0.001)***	(0.001)***	(0.001)***
Travailleur à temps partiel	-0.043	-0.043	-0.040	-0.048	-0.044	-0.035	-0.032	-0.033
	(0.007)***	(0.007)***	(0.008)***	(0.008)***	(0.008)***	(0.008)***	(0.007)***	(0.009)***
Chômeur	-0.050	-0.047	-0.043	-0.053	-0.049	-0.049	-0.037	-0.036
	(0.006)***	(0.006)***	(0.007)***	(0.006)***	(0.006)***	(0.007)***	(0.006)***	(0.007)***
Sans emploi	-0.047	-0.046	-0.040	-0.048	-0.047	-0.048	-0.037	-0.039
	(0.006)***	(0.006)***	(0.006)***	(0.006)***	(0.006)***	(0.006)***	(0.006)***	(0.007)***
Milieu urbain	0.018	0.023	0.012	0.018	0.019	0.017	0.012	0.013
	(0.005)***	(0.005)***	(0.005)**	(0.005)***	(0.005)***	(0.005)***	(0.005)**	(0.006)**
Confiance dans l'administration		0.032						0.017
		(0.002)***						(0.003)***
Attachement à la démocratie			0.032					0.025
			(0.003)***					(0.004)***
Satisfaction à l'égard du système de santé				0.027				0.013
				(0.002)***				(0.003)***
Recul de la corruption					0.018			0.008
					(0.002)***			(0.002)***
Difficulté à comprendre quels impôts il faut payer						-0.032		-0.023
						(0.003)***		(0.003)***
Difficulté à savoir comment échapper à l'impôt						0.029		0.023
						(0.003)***		(0.003)***
Attitudes positives vis-à-vis de la fiscalité							0.057	0.051
							(0.003)***	(0.003)***
Légitimité des autorités fiscales							0.065	0.059
							(0.002)***	(0.002)***
Pseudo R	0.04	0.05	0.04	0.04	0.04	0.05	0.07	0.07
Observations	50,985	49,998	46,083	49,101	48,229	41,734	48,744	34,819

Note : Effets marginaux. Erreurs type robustes entre parenthèses ; *,**,*** désignent un seuil de significativité statistique de respectivement 10 %, 5 % et 1 %. Les régressions incluent des variables indicatrices pour le pays qui ne sont pas indiquées dans le tableau. La variable indicatrice correspondant au travail à plein temps a été omise dans les régressions.

Source : Calculs réalisés par le Centre de développement de l'OCDE et le Centre de politique et d'administration fiscales à partir de l'enquête Afrobaromètre (2015).

Tableau A A.7. Régressions probit expliquant le consentement à une hausse des impôts à partir de l'enquête Afrobaromètre (2015)

	(1)	(2)	(3)	(4)	(5)	(6)	(7)
Religion	0.044	0.046	0.043	0.043	0.047	0.043	0.036
	(0.012)***	(0.012)***	(0.012)***	(0.012)***	(0.013)***	(0.012)***	(0.014)***
Sexe féminin	-0.022	-0.022	-0.016	-0.024	-0.020	-0.020	-0.017
	(0.004)***	(0.004)***	(0.004)***	(0.004)***	(0.005)***	(0.004)***	(0.005)***
Âge	-0.000	-0.000	-0.000	-0.000	-0.000	-0.000	-0.000
	(0.000)**	(0.000)***	(0.000)**	(0.000)**	(0.000)**	(0.000)*	(0.000)**
Niveau d'études	0.003	0.004	0.004	0.004	0.003	0.003	0.004
	(0.001)***	(0.001)***	(0.001)***	(0.001)***	(0.001)***	(0.001)***	(0.001)***
Travailleur à temps partiel	-0.006	-0.006	-0.004	-0.005	-0.004	0.002	0.005
	(0.007)	(0.007)	(0.007)	(0.007)	(0.008)	(0.007)	(0.008)
Chômeur	-0.030	-0.028	-0.023	-0.027	-0.027	-0.019	-0.010
	(0.006)***	(0.006)***	(0.006)***	(0.006)***	(0.007)***	(0.006)***	(0.007)
Sans emploi	-0.009	-0.010	-0.008	-0.006	-0.011	-0.001	0.001
	(0.006)*	(0.006)*	(0.006)	(0.006)	(0.006)*	(0.006)	(0.006)
Milieu urbain	0.047	0.050	0.045	0.044	0.048	0.040	0.045
	(0.004)***	(0.004)***	(0.005)***	(0.005)***	(0.005)***	(0.004)***	(0.005)***
Confiance dans l'administration		0.025					0.013
		(0.002)***					(0.002)***
Attachement à la démocratie			0.047				0.042
			(0.003)***				(0.003)***
Satisfaction à l'égard des routes				0.026			0.013
				(0.002)***			(0.003)***
Difficulté à comprendre quels impôts il faut payer					-0.030		-0.021
					(0.003)***		(0.003)***
Difficulté à savoir comment échapper à l'impôt					-0.007		-0.014
					(0.003)**		(0.003)***
Attitudes positives vis-à-vis de la fiscalité						0.029	0.028
						(0.003)***	(0.003)***
Légitimité des autorités fiscales						0.074	0.071
						(0.002)***	(0.002)***
Pseudo R	0.06	0.06	0.06	0.06	0.09	0.09	0.09
Observations	52,740	51,638	47,352	50,553	42,287	49,282	36,164

Note : Effets marginaux. Erreurs type robustes entre parenthèses ; *,**,*** désignent un seuil de significativité statistique de respectivement 10 %, 5 % et 1 %. Les régressions incluent des variables indicatrices pour le pays qui ne sont pas indiquées dans le tableau. La variable indicatrice correspondant au travail à plein temps a été omise dans les régressions.

Source : Calculs réalisés par le Centre de développement de l'OCDE et le Centre de politique et d'administration fiscales à partir de l'enquête Afrobaromètre (2015).

Tableau A A.8. Régressions probit expliquant le consentement à une hausse des dépenses à partir de l'enquête Afrobaromètre (2015)

	(1)	(2)	(3)	(4)	(5)	(6)	(7)	(8)	(9)
Religion	-0.003	-0.007	-0.005	-0.004	-0.008	-0.006	0.000	-0.004	0.001
	(0.012)	(0.012)	(0.012)	(0.012)	(0.012)	(0.013)	(0.014)	(0.013)	(0.015)
Sexe féminin	0.011	0.011	0.012	0.010	0.010	0.011	0.004	0.012	0.007
	(0.004)**	(0.004)**	(0.004)***	(0.004)**	(0.004)**	(0.004)**	(0.005)	(0.004)***	(0.005)
Âge	-0.000	-0.000	-0.000	-0.000	-0.000	-0.000	-0.000	-0.000	-0.000
	(0.000)***	(0.000)***	(0.000)***	(0.000)***	(0.000)***	(0.000)***	(0.000)**	(0.000)***	(0.000)***
Niveau d'études	-0.001	-0.001	-0.001	-0.001	-0.001	-0.001	-0.001	-0.001	-0.001
	(0.000)**	(0.001)	(0.001)*	(0.001)	(0.001)**	(0.001)**	(0.001)**	(0.001)**	(0.001)
Travailleur à temps partiel	-0.016	-0.016	-0.016	-0.017	-0.014	-0.015	-0.020	-0.012	-0.017
	(0.007)**	(0.008)**	(0.008)**	(0.008)**	(0.008)*	(0.008)*	(0.008)**	(0.008)	(0.009)*
Chômeur	-0.001	-0.000	-0.002	-0.002	0.000	-0.003	0.004	0.003	0.006
	(0.006)	(0.006)	(0.006)	(0.006)	(0.006)	(0.006)	(0.007)	(0.006)	(0.007)
Sans emploi	0.002	-0.000	-0.003	-0.004	-0.001	-0.001	-0.002	0.006	-0.004
	(0.006)	(0.006)	(0.006)	(0.006)	(0.006)	(0.006)	(0.006)	(0.006)	(0.007)
Milieu urbain	-0.034	-0.028	-0.034	-0.034	-0.044	-0.031	-0.037	-0.038	-0.035
	(0.005)***	(0.005)***	(0.005)***	(0.005)***	(0.005)***	(0.005)***	(0.005)***	(0.005)***	(0.005)***
Confiance dans l'administration		0.037							0.018
		(0.002)***							(0.002)***
Satisfaction à l'égard du système de santé			0.050						0.021
			(0.002)***						(0.004)***
Satisfaction à l'égard du système éducatif				0.048					0.014
				(0.002)***					(0.004)***
Satisfaction à l'égard des routes					0.043				0.015
					(0.002)***				(0.003)***
Recul de la corruption						0.031			0.017
						(0.002)***			(0.002)***
Difficulté à comprendre quels impôts il faut payer							-0.026		-0.015
							(0.003)***		(0.003)***
Difficulté à savoir comment échapper à l'impôt							-0.008		-0.009
							(0.003)***		(0.003)***
Légitimité des autorités fiscales								0.045	0.039
								(0.002)***	(0.002)***
Pseudo R	0.03	0.04	0.04	0.04	0.04	0.03	0.03	0.04	0.05
Observations	52,251	51,198	50,243	50,154	50,164	49,357	41,980	50,579	37,906

Note : Effets marginaux. Erreurs type robustes entre parenthèses ; *,**,*** désignent un seuil de significativité statistique de respectivement 10 %, 5 % et 1 %. Les régressions incluent des variables indicatrices pour le pays qui ne sont pas indiquées dans le tableau. La variable indicatrice correspondant au travail à plein temps a été omise dans les régressions.

Source : Calculs réalisés par le Centre de développement de l'OCDE et le Centre de politique et d'administration fiscales à partir de l'enquête Afrobaromètre (2015).

Tableau A A.9. Régressions probit expliquant le civisme fiscal en Asie à partir de l'enquête World Values Survey (2010-2014)

Var. dép	(1)
Religion	0.003
	(0.011)
Sexe féminin	0.030
	(0.010)***
Âge	0.001
	(0.000)***
Niveau d'études	0.006
	(0.002)***
Travailleur à temps partiel	-0.090
	(0.015)***
Travailleur indépendant	0.027
	(0.013)**
Retraité	-0.067
	(0.021)***
Femme au foyer	-0.031
	(0.014)**
Étudiant	-0.008
	(0.023)
Chômeur	-0.033
	(0.018)*
Ressortissant du pays	-0.014
	(0.087)
2e quintile	-0.002
	(0.014)
3e quintile	-0.049
	(0.013)***
4e quintile	-0.030
	(0.015)**
5e quintile	-0.062
	(0.022)***
Confiance dans l'administration	0.007
	(0.005)
Attachement à la démocratie	0.067
	(0.005)***
Démocraties redistributives	0.013
	(0.001)***
Méritocratie	0.026
	(0.001)***
Attachement à la redistribution	0.012
	(0.001)***
Observations	7.758

Note : Effets marginaux. Erreurs type robustes entre parenthèses ; *,**,*** désignent un seuil de significativité statistique de respectivement 10 %, 5 % et 1 %. Les régressions incluent des variables indicatrices pour le pays qui ne sont pas indiquées dans le tableau. La variable indicatrice correspondant au travail à plein temps a été omise dans les régressions.
Source : Calculs réalisés par le Centre de développement de l'OCDE et le Centre de politique et d'administration fiscales à partir de l'enquête World Values Survey (2010-2014).

Annexe B. Méthodologie – Entreprises

Données

En octobre 2016, l'OCDE a lancé une enquête sur la fiscalité afin de recueillir l'avis des entreprises sur les causes d'insécurité juridique en matière fiscale et sur les solutions envisageables pour y remédier. L'enquête a été réalisée entre octobre et décembre 2016. Elle s'adressait aux cadres chargés des affaires fiscales et a donné lieu à 724 réponses d'entreprises ayant leur siège dans 62 pays différents et des sièges régionaux dans 107 territoires différents. Dans le cas de l'Afrique, de l'Asie et de l'Amérique latine, plus de 91 % des entreprises qui ont répondu sont des multinationales ayant un siège mondial et un siège régional. Les cinq pays accueillant le plus grand nombre de sièges mondiaux sont la Bulgarie, les États-Unis, l'Italie, le Japon et l'Allemagne (pays classés selon le nombre de répondants). Les cinq pays accueillant le plus grand nombre de sièges régionaux ne sont pas exactement les mêmes. La plupart des entreprises qui ont répondu disposent d'un siège régional aux États-Unis, au Royaume-Uni, à Singapour, en Allemagne, en Chine ou au Mexique (pays classés selon le nombre de répondants). Par ailleurs, certains pays n'apparaissent pas parmi ceux comptant un siège mondial mais sont souvent cités parmi ceux accueillant un siège régional. C'est par exemple le cas de la Chine et de Singapour. Pour de plus amples informations sur la méthodologie utilisée, on peut se reporter au rapport intitulé *Tax Certainty* publié par le Fonds monétaire international (FMI) et l'OCDE dans la perspective de la réunion des ministres des Finances du G20 (IMF/OECD, 2017).

Méthodologie

Pour les besoins de l'analyse présentée ici, les réponses ont été regroupées par région – Afrique, Amérique latine et Caraïbes, Asie et zone OCDE. Le regroupement a été effectué sur la base de moyennes simples et la significativité statistique des moyennes obtenues pour l'Afrique, l'Asie et l'Amérique latine a été testée par rapport à la moyenne simple calculée pour l'OCDE. Le nombre d'observations obtenu par cette méthode est différent dans chaque région ; le nombre d'observations par pays est variable lui aussi ; un seul pays ne représente toutefois pas plus de 35 % des réponses au sein d'une même région. S'agissant des questions auxquelles les répondants étaient invités à répondre sans faire référence à un pays en particulier, il a été décidé de tenir compte, dans l'analyse portant sur chaque région, des entreprises ayant un siège mondial ou régional dans la région. En conséquence, certaines réponses sont prises en compte dans plusieurs régions, ce qui reflète le caractère multirégional des activités des entreprises des répondants. Les Tableau B.1 et Tableau B.2 fournissent des informations plus détaillées sur la répartition des entreprises par région.

Tableau B.1. Nombre de pays et entreprises pris en compte dans chaque région dans les données utilisées pour construire les Graphique 2.5 et Graphique 2.7

	Siège mondial		Siège régional		Total (siège mondial + siège régional)	
	Pays	Entrerprises	Pays (en plus du siege mondial)	Entrerprises	Pays	Entrerprises
Afrique	7	24	5	25	12	49
Asie	7	25	21	192	28	217
ALC	10	78	11	84	21	162
OCDE	33	456	0	59	33	515

Note : Questions auxquelles les répondants ont donné leur avis en général, sans faire référence à un pays en particulier

Tableau B.2. Nombre de pays et entreprises pris en compte dans chaque région dans les données utilisées pour construire les Graphique 2.4 et Graphique 2.6

	Pays	Nombre d'entreprises
Afrique	26	92
Asie	33	299
ALC	23	231
OCDE	33	587

Note : questions auxquelles les personnes interrogées ont donné leur avis en référence à un pays en particulier.

Note

[1] Note de la Turquie

Les informations figurant dans ce document qui font référence à « Chypre » concernent la partie méridionale de l'Ile. Il n'y a pas d'autorité unique représentant à la fois les Chypriotes turcs et grecs sur l'Ile. La Turquie reconnaît la République Turque de Chypre Nord (RTCN). Jusqu'à ce qu'une solution durable et équitable soit trouvée dans le cadre des Nations Unies, la Turquie maintiendra sa position sur la « question chypriote ».

Note de tous les États de l'Union européenne membres de l'OCDE et de l'Union européenne

La République de Chypre est reconnue par tous les membres des Nations Unies sauf la Turquie. Les informations figurant dans ce document concernent la zone sous le contrôle effectif du gouvernement de la République de Chypre.

www.ingramcontent.com/pod-product-compliance
Lightning Source LLC
LaVergne TN
LVHW082050051026
849532LV00011B/3547